RICHARD WAGNER

# Götterdämmerung

Dritter Tag aus dem Bühnenfestspiel
»Der Ring des Nibelungen«

D1328926

VOLLSTÄNDIGES BUCH

WORTLAUT DER PARTITUR
HERAUSGEGEBEN UND EINGELEITET VON
WILHELM ZENTNER

PHILIPP RECLAM JUN. STUTTGART

Umschlagabbildung: Wotan. Figurine von Carl Emil Doepler (1824–1905) für eine Inszenierung der Bayreuther Festspiele.

Universal-Bibliothek Nr. 5644
Alle Rechte vorbehalten. Gesamtherstellung: Reclam, Ditzingen
Printed in Germany 1993
RECLAM und UNIVERSAL-BIBLIOTHEK sind eingetragene
Warenzeichen der Philipp Reclam jun. GmbH & Co., Stuttgart
ISBN 3-15-005644-6

Mit der Komposition der *Götterdämmerung* hat Richard Wagner begonnen, ehe noch *Siegfried* völlig zu Ende gediehen war. Das Verlangen nach Vollendung des *Rings des Nibelungen*, der, immer mächtigere Ausmaße gewinnend, ihn seit mehr als zwei Jahrzehnten in Bann hielt, hatte aufs höchste gesteigerte schöpferische Kräfte geweckt. Hinzu kam die Aussicht, eine Gesamtaufführung der Tetralogie in dem geplanten festlichen Geiste in naher Zukunft verwirklichen zu können. So entstehen in den ersten Januartagen des Jahres 1870 in Tribschen, dem Schweizer Asyl Wagners, die ersten Vertonungsskizzen des Schlußstücks. Ahnungsvoll hatte der Komponist in jenen Tagen geäußert: »Viel Zeit muß ich haben; denn was ich niederschreibe, ist eben alles Superlativ.« Superlativ – Wagner war sich demnach bewußt, daß die *Götterdämmerung* ein grandioser Abschluß des Riesenwerks werden sollte. Die anfängliche Hoffnung, die Komposition bereits im Laufe des Jahres 1871 zu vollenden, erwies sich als trügerisch. Erst als Wagner am 24. April 1872 in das von ihm als Festspielort in Aussicht genommene Bayreuth übergesiedelt war, kam die Arbeit wieder in Fluß. Am 22. Juli 1872 lag die Orchesterskizze fertig vor: zwei Monate früher, am 22. Mai, Wagners 59. Geburtstag, war der Grundstein zum Festspielhaus gelegt worden.

Die endgültige Ausführung der Partitur konnte nunmehr, nach einer Atempause von mehr als neun Monaten, unternommen werden. Sie fiel in die Zeit vom 3. Mai 1873 bis zum 21. November 1874. Verschiedene äußere Ereignisse haben in diese Schaffensperiode hineingewirkt, sie teilweise gefördert, teilweise verzögert. Mit Genugtuung erfüllte Wagner das Richtfest des am 2. August 1873 unter Dach gebrachten Festspielhauses. Ein weiterer Wunschtraum hatte Gestalt gewonnen, als er im April 1874 mit Haus »Wahnfried« sein eigenes Heim beziehen konnte, nachdem er zunächst im Gasthaus beim Schloß »Fantaisie«, vom Herbst 1872 an in einem Miethause an der Dammstraße gewohnt hatte. Dazwischen schoben sich schwere Sorgen um die Realisierung der Festspiele. Im Januar 1874 schien diese so ferngerückt, daß Wagner nahe daran war zu resignieren. Im letzten Augenblick gewährte König Ludwig II. von Bayern einen Vorschuß von 100 000 Talern. Bayreuth war gerettet, wenngleich man vor 1876 an die erste Ringdarstellung nicht denken durfte. Der am 21. November 1874 unter die abgeschlossene Götterdämmerung-Partitur gesetzte Vermerk Wagners lautet: »Vollendet in Wahnfried, ich sage nichts weiter.« In diesen kurzen Worten birgt sich vielsagend die ganze wechselvoll bewegte Entstehungsgeschichte des *Rings des Nibelungen.*

Im Jahre 1875 begannen, nachdem weitere Mittel durch Konzerte Wagners in Wien, Budapest und Berlin aufgebracht worden waren, die Vorproben, die keine geringe Arbeit bedeuteten, weil der Dichterkomponist Sängerensemble und Orchester für die ungewöhnliche Aufgabe, die ihrer harrte, erst heranbilden und erziehen mußte. Die ungemeine Suggestivität Wagners besiegte schließlich alle Widerstände, sämtliche Schwierigkeiten. »Tausende von Winken, Blicken, Gesten aller Art strahlten von ihm, dem beweglichen kleinen Manne, aus auf alle, und alle waren unlöslich in diesem Zauberbanne gefesselt bis zum letzten Ton«, berichtet ein Augenzeuge, und ein anderer: »Immer bei der Sache, war Wagner nicht nur der gewaltige Tonmeister, sondern auch ein Meister der Regie par excellence.«

Mit der ersten geschlossenen Darstellung des *Rings des Nibelungen* wurde 1876 das eigentliche Geburtsjahr der Bayreuther Festspiele, nachdem *Rheingold* und *Walküre,* entgegen dem Wunsch Wagners, am 22. September 1869 bzw. 26. Juni 1870 bereits im Münchener Nationaltheater aufgeführt worden waren. Am 3. Juni hatten die Proben ihren Anfang genommen; die Kräfte des Vokal- wie Instrumentalkörpers waren aus ganz Deutschland zusammengeholt worden. Am 13. August 1876 eröffnete *Rheingold,* am 14. folgte *Die Walküre,* der 15. blieb spielfrei, am 16. erklang die Uraufführung des *Siegfried,* am 17. August die der *Götterdämmerung.* Die musikalische Leitung sämtlicher Abende lag in Händen Hans Richters. Die Orchesterleitung unter seiner Stabführung zählte zu den Höhepunkten des Eindrucks, während eine letzte Deckung zwischen Werk und Wiedergabe auf der Bühne vorläufig nicht allenthalben erreicht werden konnte. Trotzdem konnte Wagner mit dem Erfolg zufrieden sein. Obwohl man gebeten hatte, von Beifallsbezeugungen Abstand zu nehmen, durchhallte nach Beendigung der *Götterdämmerung* unendlicher Jubel das Haus. Die Tetralogie erlebte in dieser Festspielperiode noch zwei Wiederholungen. Ihr Schöpfer war damit an einem Ziele angelangt, das er mit nimmermüder Beharrlichkeit, im Bewußtsein einer künstlerischen Sendung ein Leben lang erstrebt und an dessen Erreichung er oft gezweifelt hatte.

Die *Götterdämmerung* ist deswegen das musikalisch reichste der vier Ringdramen, weil die Komposition in diesem Schlußstück mit dem gesamten im Verlaufe des Riesenwerks angesammelten Themenbestand zu arbeiten vermag, nicht ohne diesem noch weiteres aus dem Geschehen fließendes Material hinzuzufügen. Die Technik leitmotivischer Verknüpfung wird mit letzter und höchster Folgerichtigkeit entwickelt und durchgeführt. Es wäre falsch, diese Technik lediglich in einem äußeren oder gar schematischen Sinne erfassen zu wollen. Gewiß sind die Motive an einzelne Personen, Gegenstände, Begriffe oder Empfindungen gebunden, um mit deren jeweiligem Auftauchen wiederzukehren. Allein Wagner trachtete weniger danach, sich vorzugsweise an den Intellekt zu wenden und die Handlung verstandesmäßig zu erklären, seine Absicht zielte vielmehr dahin, das »Gefühlsverständnis« zu leiten und in die Sprache der Musik all das erklingen zu lassen, was dem Wort, seiner mehr begrifflichen Natur zufolge, auszudrücken versagt bleibt. Die Leitthematik, die außerdem steter Wandlung, Umbildung und neuen Verknüpfungen unterworfen wird, dient somit in erster Linie dazu, das Gewebe feingesponnener unausgesprochener Zusammenhänge sichtbar werden zu lassen. Gleich einer ewigen Melodie schlingt sich das Band der musikalisch-poetischen Beziehungen durch das gesamte Drama, das damit seine eigentliche Aus»dichtung« widerfährt. Singstimme und Orchester werden gleichermaßen zu Trägern der stilbildenden Kräfte. Diese ergänzen, durchdringen und steigern sich gegenseitig im Dienste des gemeinsamen künstlerischen Prinzips. Dabei muß berücksichtigt werden, daß diese Leitthematik mehr Ausdrucksmittel als technisches Kunstmittel sein will und damit die Frucht unmittelbarer inspiratorischer Kräfte, schöpferischer Phantasie ist.

Im übrigen läßt sich in der *Götterdämmerung*, vergleicht man sie mit den drei vorangehenden Ringdramen, eine gewisse Rückkehr zu musikalischen Elementen feststellen, die ein gelegentlich überspannter Natürlichkeitsdrang des musikdramatischen Denkens und Gestaltens bisher ausgeschaltet hatte. Ensemble und chorische Wirkung gelangen zu erneuten Ehren. Begreiflich bei einem Künstler, der inzwischen in den *Meistersingern von Nürnberg* die Synthese zwischen älterer Oper und Musikdrama gefunden und verwirklicht hatte. Wagner war sich jener einzigartigen Möglichkeiten, die dem musikalischen Theater im Ensemble, der gleichzeitigen Verlautbarung unterschiedlichster Stimmungen und Empfindungen, gegeben sind, endgültig bewußt geworden. Allerdings greift er nur dann zu einem solchen, wenn dieses, wie in der Schlußszene des zweiten Aufzugs, mit Naturnotwendigkeit aus der seelischen oder dramatischen Situation hervordrängt.

Gedanklich führte die *Götterdämmerung* die im Ringdrama versinnbildlichte Idee zum unabwendbaren Ende. Auch Siegfried, von dem Wotan zunächst Erlösung von der Macht des Fluches erhofft hatte, unterliegt dessen Walten. Ihn blendet der Trug der Welt, der in Gestalt des Zaubertrankes allerdings mehr als äußeres Requisit denn als innere Notwendigkeit (die dramaturgische Achillesferse der Dichtung!) symbolisiert wird; ihn führt die naive Selbstüberhebung eines seiner Kraft allzu bewußten Heldentums dem Untergang entgegen. So vermag nicht er, sondern einzig Brünnhildes durch Leid und Erfahrung wissend gewordene Liebe, die nichts mehr für sich, alles für die anderen will, den Bann zu brechen und vom Fluche zu befreien. Die treibende Kraft nahezu aller Wagnerschen Musikdramen, die Erlösungsidee, triumphiert auch hier. Sie mildert und läutert Wotans verzweiflungsvollen Pessimismus in einen Geist versöhnender Bejahung, an dem der musikalisch überwältigende Schluß der *Götterdämmerung* keinen Zweifel läßt. Aus dem Zusammenbruch der alten fluchbeladenen entsteht eine neue glücklichere Welt.

*Wilhelm Zentner*

## PERSONEN

Siegfried *(Tenor)*
Gunther *(Hoher Baß)*
Hagen *(Tiefer Baß)*
Alberich *(Hoher Baß)*
Brünnhilde *(Sopran)*
Gutrune *(Sopran)*
Waltraute *(Tiefer Sopran)*
Die drei Nornen
   *(Alt, tiefer Sopran und Sopran)*
Die drei Rheintöchter
   *(Sopran, tiefer Sopran und Alt)*
Mannen *(Tenor und Baß)*
Frauen *(Sopran)*


## SCHAUPLATZ DER HANDLUNG

*Vorspiel:* Auf dem Walkürenfelsen.
*Erster Aufzug:* Gunthers Hofhalle am Rhein. –
   Der Walkürenfelsen.
*Zweiter Aufzug:* Vor Gunthers Halle.
*Dritter Aufzug:* Waldige Gegend am Rhein. –
   Gunthers Halle.

*Spieldauer:* 5 Stunden

Die Textausgabe folgt dem Wortlaut der Partitur, sie weicht daher an
einigen Stellen vom Wortlaut der *Gesammelten Schriften* ab. Die kleinen
Soli in den Mannenchören und in der Rheintöchterszene werden zum
ersten Male auch im Druck hervorgehoben.
In den Regiebemerkungen wurden einige unwesentliche Kürzungen vor-
genommen.

# SZENENFOLGE

## Vorspiel
Die drei Nornen. Siegfried. Brünnhilde.

### Erster Aufzug
1. Szene. Gunther. Hagen. Gutrune.
2. Szene. Die Vorigen. Siegfried.
3. Szene. Brünnhilde. Waltraute. Siegfried.

### Zweiter Aufzug
1. Szene. Alberich. Hagen.
2. Szene. Hagen. Siegfried. Gutrune.
3. Szene. Hagen. Die Mannen.
4. Szene. Gunther. Brünnhilde. Siegfried. Gutrune. Hagen. Mannen und Frauen.
5. Szene. Brünnhilde. Hagen. Gunther.

### Dritter Aufzug
1. Szene. Die drei Rheintöchter. Siegfried.
2. Szene. Siegfried. Gunther. Hagen. Mannen.
3. Szene. Gutrune. Hagen. Gunther. Mannen und Frauen. Brünnhilde.

# ORIGINAL-ORCHESTERBESETZUNG

Streichinstrumente:
  16 Violinen I
  16 Violinen II
  12 Bratschen
  12 Violoncelli
   8 Kontrabässe

Saiteninstrumente:
   6 Harfen

Holzblasinstrumente:
   3 große Flöten
   1 kleine Flöte
   3 Oboen
   1 Englisch Horn
   3 Klarinetten
   1 Baß-Klarinette
   3 Fagotte

Blechinstrumente:
   8 Hörner
   3 Trompeten
   1 Baß-Trompete
   3 Posaunen
   1 Kontra-Posaune
   2 Tenor-Tuben
   2 Baß-Tuben
   1 Kontrabaß-Tuba

Schlaginstrumente:
   2 Pauken
     Becken
     Tamtam
     Triangel
     Glockenspiel
   1 kleine Trommel

Auf der Szene:
     Horn in F
     Horn in C
     Stierhörner in C, Des und D

## WORTERKLÄRUNGEN

aber *abermals, wiederum*
achten *erachten, glauben*
darben *verkümmern*
enttagen *entspringen*
falb *fahl, welk*
freislich *schreckenerregend*
Friedel *Geliebter, Geliebte*
frieden *liebend umwerben*
gehrenswert *begehrenswert*
geizen *begehren*
Gewirk *Zaubergeflecht*
Gibich *Stammvater der Gibichungen*
Grimhilde *Gemahlin Gibichs*
Haft *Band, Fessel, Macht*
Hagedorn *Weißdorn (Hagen)*
Heft *Griff*

Hella *Todesgöttin*
Holda *Freia*
jach *plötzlich, heftig*
kiesen *wählen*
Lohe *Flamme*
Mage *Verwandter*
Nicker *Kobold*
schweigen *zum Schweigen bringen*
schwinden *enteilen, verlassen*
strecken *niederstrecken*
Tann *Tannenwald*
verwähnen *vermuten, vermeinen*
weihlich *heilig*
Weihstein *Opferaltar*
zähmen *unverwundbar machen*
zehren *aufzehren*

## Auf dem Walkürenfelsen

*Die Szene ist dieselbe wie am Schlusse des zweiten Tages.
– Nacht. – Aus der Tiefe des Hintergrundes leuchtet Feuerschein.*

*Die drei Nornen, hohe Frauengestalten in langen, dunklen
und schleierartigen Faltengewändern. Die erste (älteste) lagert im Vordergrunde rechts unter der breitästigen Tanne;
die zweite (jüngere) ist an einer Steinbank vor dem Felsen-
gemache hingestreckt; die dritte (jüngste) sitzt in der Mitte
des Hintergrundes auf einem Felssteine des Höhensaumes.
Eine Zeitlang herrscht düsteres Schweigen.*

D i e  e r s t e  N o r n  *(ohne sich zu bewegen).*
        Welch Licht leuchtet dort?
D i e  z w e i t e. Dämmert der Tag schon auf?
D i e  d r i t t e. Loges Heer
        lodert feurig um den Fels.
            Noch ist's Nacht.
        Was spinnen und singen wir nicht?
D i e  z w e i t e  *(zu der ersten).*
        Wollen wir spinnen und singen,
        woran spannst du das Seil?
D i e  e r s t e  N o r n  *(erhebt sich, während sie ein goldenes
    Seil von sich löst und mit dem einen Ende es an einen Ast
    der Tanne knüpft).*
        So gut und schlimm es geh',
        schling ich das Seil und singe.
            An der Weltesche
            wob ich einst,
            da groß und stark
            dem Stamm entgrünte
        weihlicher Äste Wald.
            Im kühlen Schatten
            rausch' ein Quell,
            Weisheit raunend

rann sein Gewell';
da sang ich heil'gen Sinn.
Ein kühner Gott
trat zum Trunk an den Quell;
    seiner Augen eines
zahlt' er als ewigen Zoll.
    Von der Weltesche
brach da Wotan einen Ast;
    eines Speeres Schaft
entschnitt der Starke dem Stamm.

In langer Zeiten Lauf
zehrte die Wunde den Wald;
falb fielen die Blätter,
dürr darbte der Baum,
    traurig versiegte
    des Quelles Trank:
    trüben Sinnes
    ward mein Gesang.
    Doch, web ich heut
an der Weltesche nicht mehr,
    muß mir die Tanne
taugen zu fesseln das Seil:
    singe, Schwester,
    dir werf ich's zu.
    Weißt du, wie das wird?

Die zweite Norn (*windet das zugeworfene Seil um
einen hervorspringenden Felsstein am Eingange des Gemaches*). Treu beratner
    Verträge Runen
    schnitt Wotan
    in des Speeres Schaft:
den hielt er als Haft der Welt.
    Ein kühner Held
zerhieb im Kampfe den Speer;
    in Trümmer sprang
    der Verträge heiliger Haft.
    Da hieß Wotan
    Walhalls Helden
    der Weltesche

welkes Geäst
mit dem Stamm in Stücke zu fällen.
Die Esche sank,
ewig versiegte der Quell!
Feßle ich heut
an den scharfen Fels das Seil:
singe, Schwester,
dir werf ich's zu.
Weißt du, wie das wird?

Die dritte Norn (*das Seil auffangend und dessen Ende hinter sich werfend*).

Es ragt die Burg,
von Riesen gebaut:
mit der Götter und Helden
heiliger Sippe
sitzt dort Wotan im Saal.
Gehau'ner Scheite
hohe Schicht
ragt zuhauf
rings um die Halle:
die Weltesche war dies einst!
Brennt das Holz
heilig brünstig und hell,
sengt die Glut
sehrend den glänzenden Saal:
der ewigen Götter Ende
dämmert ewig da auf.
Wisset ihr noch,
so windet von neuem das Seil;
von Norden wieder
werf ich's dir nach.

(*Sie wirft das Seil der zweiten Norn zu.*)

Die zweite Norn (*schwingt das Seil der ersten hin, die es vom Zweige löst und es an einen andern Ast wieder anknüpft*).

Spinne, Schwester, und singe!

Die erste Norn (*nach hinten blickend*).

Dämmert der Tag?
Oder leuchtet die Lohe?
Getrübt trügt sich mein Blick;

nicht hell eracht ich
das heilig Alte,
da Loge einst
entbrannte in lichter Brunst.
Weißt du, was aus ihm ward?

Die zweite Norn *(das zugeworfene Seil wieder um den Stein windend)*.

Durch des Speeres Zauber
zähmte ihn Wotan;
Räte raunt' er dem Gott.
An des Schaftes Runen,
frei sich zu raten,
nagte zehrend sein Zahn:
Da, mit des Speeres
zwingender Spitze
bannte ihn Wotan,
Brünnhildes Fels zu umbrennen.
Weißt du, was aus ihm wird?

Die dritte Norn *(das zugeschwungene Seil wieder hinter sich werfend)*.

Des zerschlagnen Speeres
stechende Splitter
taucht' einst Wotan
dem Brünstigen tief in die Brust:
zehrender Brand
zündet da auf;
den wirft der Gott
in der Weltesche
zuhauf geschichtete Scheite.

*(Sie wirft das Seil zurück, die zweite Norn windet es auf und wirft es der ersten wieder zu.)*

Die zweite Norn. Wollt ihr wissen,
wann das wird?
Schwinget, Schwestern, das Seil!

Die erste Norn *(das Seil von neuem anknüpfend)*.

Die Nacht weicht;
nichts mehr gewahr ich:
des Seiles Fäden
find ich nicht mehr;
verflochten in das Geflecht.

Ein wüstes Gesicht
wirrt mir wütend den Sinn.
Das Rheingold
raubte Alberich einst.
Weißt du, was aus ihm ward?

D i e  z w e i t e  N o r n  (*mit mühevoller Hand das Seil um den zackigen Stein des Gemaches windend*).

Des Steines Schärfe
schnitt in das Seil;
nicht fest spannt mehr
der Fäden Gespinst;
verwirrt ist das Geweb'.
Aus Not und Neid
ragt mir der Niblungen Ring:
ein rächender Fluch
nagt meiner Fäden Geflecht.
Weißt du, was daraus wird?

D i e  d r i t t e  N o r n  (*das zugeworfene Seil hastig fassend*).

Zu locker das Seil,
mir langt es nicht.
Soll ich nach Norden
neigen das Ende,
straffer sei es gestreckt!

(*Sie zieht gewaltsam das Seil an: dieses reißt in der Mitte.*)

Es riß!

D i e  z w e i t e. Es riß!
D i e  e r s t e. Es riß!

(*Erschreckt sind die drei Nornen aufgefahren und nach der Mitte der Bühne zusammengetreten: sie fassen die Stücke des zerrissenen Seiles und binden damit ihre Leiber aneinander.*)

D i e  d r e i  N o r n e n. Zu End' ewiges Wissen!
Der Welt melden
Weise nichts mehr.

D i e  d r i t t e  N o r n. Hinab!
D i e  z w e i t e  N o r n. Zur Mutter!
D i e  e r s t e  N o r n. Hinab!

(*Sie verschwinden.*)

ORCHESTERZWISCHENSPIEL

*Tagesgrauen – Sonnenaufgang – Heller Tag.*

*Siegfried und Brünnhilde treten aus dem Steingemach auf.*
*Siegfried ist in vollen Waffen, Brünnhilde führt ihr Roß*
*am Zaume.*

B r ü n n h i l d e. Zu neuen Taten,
　　　　teurer Helde,
　　　　wie lieb' ich dich,
　　　　ließ ich dich nicht?
　　　　Ein einzig' Sorgen
　　　　läßt mich säumen:
　　　　daß dir zu wenig
　　　　mein Wert gewann!

　　　　Was Götter mich wiesen,
　　　　gab ich dir:
　　　　heiliger Runen
　　　　reichen Hort;
　　　　doch meiner Stärke
　　　　magdlichen Stamm
　　　　nahm mir der Held,
　　　　dem ich nun mich neige.

　　　　Des Wissens bar,
　　　　doch des Wunsches voll:
　　　　an Liebe reich,
　　　　doch ledig der Kraft:
　　　　mögst du die Arme
　　　　nicht verachten,
　　　　die dir nur gönnen,
　　　　nicht geben mehr kann!

S i e g f r i e d. Mehr gabst du, Wunderfrau,
　　　　als ich zu wahren weiß.
　　　　Nicht zürne, wenn dein Lehren
　　　　mich unbelehret ließ!
　　　　Ein Wissen doch wahr ich wohl:
　　　　daß mir Brünnhilde lebt;
　　　　eine Lehre lernt' ich leicht:
　　　　Brünnhildes zu gedenken!

B r ü n n h i l d e. Willst du mir Minne schenken,
   gedenke deiner nur,
   gedenke deiner Taten,
   gedenk des wilden Feuers,
   das furchtlos du durchschrittest,
   da den Fels es rings umbrann.
S i e g f r i e d. Brünnhilde zu gewinnen!
B r ü n n h i l d e. Gedenk der beschildeten Frau,
   die in tiefem Schlaf du fandest,
   der den festen Helm zu erbrachst.
S i e g f r i e d. Brünnhilde du erwecken!
B r ü n n h i l d e. Gedenk der Eide,
   die uns einen;
   gedenk der Treue,
   die wir tragen;
   gedenk der Liebe,
   der wir leben:
   Brünnhilde brennt dann ewig
   heilig dir in der Brust! –
   *(Sie umarmt Siegfried.)*
S i e g f r i e d. Laß ich, Liebste, dich hier
   in der Lohe heiliger Hut;
 *(er hat den Ring Alberichs von seinem Finger gezogen*
 *und reicht ihn jetzt Brünnhilde dar)*
   zum Tausche deiner Runen
   reich ich dir diesen Ring.
   Was der Taten je ich schuf,
   des Tugend schließt er ein.
   Ich erschlug einen wilden Wurm,
   der grimmig lang ihn bewacht.
   Nun wahre du seine Kraft
   als Weihegruß meiner Treu'!
B r ü n n h i l d e *(voll Entzücken den Ring sich ansteckend)*.
   Ihn geiz ich als einziges Gut!
   Für den Ring nimm nun auch mein Roß!
   Ging sein Lauf mit mir
   einst kühn durch die Lüfte –
   mit mir
   verlor es die mächt'ge Art;
   über Wolken hin

> auf blitzenden Wettern
> nicht mehr
> schwingt es sich mutig des Wegs;
> doch wohin du ihn führst
> – sei es durchs Feuer –,
> grauenlos folgt dir Grane;
> denn dir, o Helde,
> soll er gehorchen!
> Du hüt ihn wohl;
> er hört dein Wort:
> o bringe Grane
> oft Brünnhildes Gruß!

S i e g f r i e d. Durch deine Tugend allein
soll so ich Taten noch wirken?
Meine Kämpfe kiesest du,
meine Siege kehren zu dir:
auf deines Rosses Rücken,
in deines Schildes Schirm,
nicht Siegfried acht ich mich mehr,
ich bin nur Brünnhildes Arm.

B r ü n n h i l d e. O wäre Brünnhild' deine Seele!

S i e g f r i e d. Durch sie entbrennt mir der Mut.

B r ü n n h i l d e. So wärst du Siegfried und Brünnhild'?

S i e g f r i e d. Wo ich bin, bergen sich beide.

B r ü n n h i l d e *(lebhaft)*.
> So verödet mein Felsensaal?

S i e g f r i e d. Vereint faßt er uns zwei!

B r ü n n h i l d e *(in großer Ergriffenheit)*.
> O heilige Götter,
> hehre Geschlechter!
> Weidet eu'r Aug'
> an dem weihvollen Paar!
> Getrennt – wer will es scheiden?
> Geschieden – trennt es sich nie!

S i e g f r i e d. Heil dir, Brünnhilde,
> prangender Stern!
> Heil, strahlende Liebe!

B r ü n n h i l d e. Heil dir, Siegfried,
> siegendes Licht!
> Heil, strahlendes Leben!

B e i d e. Heil! Heil! Heil! Heil!
*(Siegfried geleitet schnell das Roß dem Felsenabhange zu,
wohin ihm Brünnhilde folgt. Siegfried ist mit dem Rosse
hinter dem Felsenvorsprunge abwärts verschwunden, so
daß der Zuschauer ihn nicht mehr sieht: Brünnhilde steht
so plötzlich allein am Abhange und blickt Siegfried in die
Tiefe nach. Man hört Siegfrieds Horn aus der Tiefe.
Brünnhilde lauscht. Sie tritt weiter auf den Abhang hinaus, erblickt Siegfried nochmals in der Tiefe und winkt
ihm mit entzückter Gebärde zu. Aus ihrem freudigen
Lächeln deutet sich der Anblick des lustig davonziehenden
Helden. Der Vorhang fällt schnell.)*


ORCHESTERZWISCHENSPIEL

*Siegfrieds Rheinfahrt*


ERSTER AUFZUG


Die Halle der Gibichungen am Rhein

*Diese ist dem Hintergrund zu ganz offen; den Hintergrund
selbst nimmt ein freier Uferraum bis zum Flusse hin ein;
felsige Anhöhen umgrenzen das Ufer.*


ERSTE SZENE

*Gunther, Hagen und Gutrune.*
*(Gunther und Gutrune auf dem Hochsitze zur Seite, vor
welchem ein Tisch mit Trinkgerät steht; davor sitzt Hagen.)*

G u n t h e r. Nun hör, Hagen,
    sage mir, Held:
    sitz ich selig am Rhein,
    Gunther zu Gibichs Ruhm?
H a g e n. Dich echt genannten
    acht ich zu neiden:

           die beid' uns Brüder gebar,
           Frau Grimhild' hieß mich's begreifen.

G u n t h e r. Dich neide ich:
           nicht neide mich du!
           Erbt' ich Erstlingsart,
           Weisheit ward dir allein:
             Halbbrüderzwist
             bezwang sich nie besser.
           Deinem Rat nur red ich Lob,
           frag ich dich nach meinem Ruhm.

H a g e n. So schelt ich den Rat,
           da schlecht noch dein Ruhm;
           denn hohe Güter weiß ich,
           die der Gibichung noch nicht gewann.

G u n t h e r. Verschwiegst du sie,
           so schelt auch ich.

H a g e n. In sommerlich reifer Stärke
           seh ich Gibichs Stamm,
             dich, Gunther, unbeweibt,
             dich, Gutrun', ohne Mann.

*(Gunther und Gutrune sind in schweigendes Sinnen ver-*
*loren.)*

G u n t h e r. Wen rätst du nun zu frein,
           daß unsrem Ruhm es fromm'?

H a g e n. Ein Weib weiß ich,
           das herrlichste der Welt:
           auf Felsen hoch ihr Sitz,
           ein Feuer umbrennt ihren Saal;
           nur wer durch das Feuer bricht,
           darf Brünnhildes Freier sein.

G u n t h e r. Vermag das mein Mut zu bestehn?

H a g e n. Einem Stärkren noch ist's nur bestimmt.

G u n t h e r. Wer ist der streitlichste Mann?

H a g e n. Siegfried, der Wälsungen Sproß:
           der ist der stärkste Held.
             Ein Zwillingspaar,
             von Liebe bezwungen,
             Siegmund und Sieglinde,
           zeugten den echtesten Sohn.

   Der im Walde mächtig erwuchs,
   den wünsch' ich Gutrun' zum Mann.
G u t r u n e *(schüchtern beginnend).*
   Welche Tat schuf er so tapfer,
   daß als herrlichster Held er genannt?
H a g e n. Vor Neidhöhle
   den Niblungenhort
   bewachte ein riesiger Wurm:
    Siegfried schloß ihm
    den freislichen Schlund,
   erschlug ihn mit siegendem Schwert.
   Solch ungeheurer Tat
   enttagte des Helden Ruhm.
G u n t h e r *(in Nachsinnen).*
   Vom Niblungenhort vernahm ich:
   er birgt den neidlichsten Schatz?
H a g e n. Wer wohl ihn zu nützen wüßt',
   dem neigte sich wahrlich die Welt.
G u n t h e r. Und Siegfried hat ihn erkämpft?
H a g e n. Knecht sind die Niblungen.
G u n t h e r. Und Brünnhild' gewänne nur er?
H a g e n. Keinem andren wiche die Brunst.
G u n t h e r *(unwillig sich vom Sitze erhebend).*
   Wie weckst du Zweifel und Zwist!
   Was ich nicht zwingen soll,
   darnach zu verlangen
    machst du mir Lust?
*(Er schreitet bewegt in der Halle auf und ab. Hagen,
ohne seinen Sitz zu verlassen, hält Gunther, als dieser
wieder in seine Nähe kommt, durch einen geheimnisvollen
Wink fest.)*
H a g e n. Brächte Siegfried
   die Braut dir heim,
   wär' dann nicht Brünnhilde dein?
G u n t h e r *(wendet sich wieder zweifelnd und unmutig
ab).* Wer zwänge den frohen Mann,
   für mich die Braut zu frein?
H a g e n *(wie vorher).*
   Ihn zwänge bald deine Bitte,
   bänd' ihn Gutrun' zuvor.

G u t r u n e. Du Spötter, böser Hagen,
>> wie sollt' ich Siegfried binden?
>>> Ist er der herrlichste
>>> Held der Welt,
>> der Erde holdeste Frauen
>> friedeten längst ihn schon.

H a g e n *(sich vertraulich zu Gutrune hinneigend).*
>> Gedenk des Trankes im Schrein; *(heimlicher)*
>> vertraue mir, der ihn gewann:
>> den Helden, des du verlangst,
>> bindet er liebend an dich.

*(Gunther ist wieder an den Tisch getreten und hört, auf ihn gelehnt, jetzt aufmerksam zu.)*
>> Träte nun Siegfried ein,
>> genöss' er des würzigen Tranks,
>> daß vor dir ein Weib er ersah,
>> daß je ein Weib ihm genaht,
>> vergessen müßt' er des ganz.
>>> Nun redet,
>> wie dünkt euch Hagens Rat?

G u n t h e r *(lebhaft auffahrend).*
>> Gepriesen sei Grimhild',
>> die uns den Bruder gab!

G u t r u n e. Möcht' ich Siegfried je ersehn!

G u n t h e r. Wie suchten wir ihn auf?
*(Ein Horn klingt aus dem Hintergrunde von links her. Hagen lauscht.)*

H a g e n. Jagt er auf Taten
>> wonnig umher,
>> zum engen Tann
>> wird ihm die Welt:
>> wohl stürmt er in rastloser Jagd
>> auch zu Gibichs Strand an den Rhein.

G u n t h e r. Willkommen hieß' ich ihn gern.
*(Horn näher, aber immer noch fern. Beide lauschen.)*
>> Vom Rhein her tönt das Horn.

H a g e n *(ist an das Ufer gegangen, späht den Fluß hinab und ruft zurück).*
>> In einem Nachen Held und Roß!
>> Der bläst so munter das Horn!

*(Gunther bleibt auf halbem Wege lauschend zurück.)*
     Ein gemächlicher Schlag,
     wie von müßiger Hand,
     treibt jach den Kahn
     wider den Strom;
     so rüstiger Kraft
     in des Ruders Schwung
     rühmt sich nur der,
     der den Wurm erschlug.
    Siegfried ist es, sicher kein andrer!

G u n t h e r. Jagt er vorbei?

H a g e n *(durch die hohlen Hände nach dem Flusse rufend).*
     Hoiho! Wohin,
     du heitrer Held?

S i e g f r i e d s  S t i m m e *(aus der Ferne, vom Flusse her).*
     Zu Gibichs starkem Sohne.

H a g e n. Zu seiner Halle entbiet ich dich.
    *(Siegfried erscheint im Kahn am Ufer.)*
     Hieher! Hier lege an!

### ZWEITE SZENE

*Siegfried legt mit dem Kahne an und springt, nachdem Hagen den Kahn mit der Kette am Ufer festgeschlossen hat, mit dem Rosse auf den Strand.*

H a g e n. Heil! Siegfried, teurer Held!
 *(Gunther ist zu Hagen an das Ufer getreten. Gutrune blickt vom Hochsitze aus in staunender Bewunderung auf Siegfried. Gunther will freundlichen Gruß bieten. Alle stehen in gegenseitiger stummer Betrachtung.)*

S i e g f r i e d *(auf sein Roß gelehnt, bleibt ruhig am Kahne stehen).* Wer ist Gibichs Sohn?

G u n t h e r. Gunther, ich, den du suchst.

S i e g f r i e d. Dich hört' ich rühmen
     weit am Rhein:
     nun ficht mit mir
     oder sei mein Freund!

G u n t h e r. Laß den Kampf!
     Sei willkommen!

S i e g f r i e d *(sieht sich ruhig um).*
        Wo berg ich mein Roß?
H a g e n.  Ich biet ihm Rast.
S i e g f r i e d *(zu Hagen gewendet).*
        Du riefst mich Siegfried:
        sahst du mich schon?
H a g e n.  Ich kannte dich nur
        an deiner Kraft.
S i e g f r i e d *(indem er an Hagen das Roß übergibt).*
        Wohl hüte mir Grane!
        Du hieltest nie
        von edlerer Zucht
        am Zaume ein Roß.

*(Hagen führt das Roß rechts hinter die Halle ab. Während Siegfried ihm gedankenvoll nachblickt, entfernt sich auch Gutrune, durch einen Wink Hagens bedeutet, von Siegfried unbemerkt, nach links durch eine Tür in ihr Gemach. Gunther schreitet mit Siegfried, den er dazu einlädt, in die Halle vor.)*

G u n t h e r.  Begrüße froh, o Held,
        die Halle meines Vaters;
            wohin du schreitest,
            was du ersiehst,
        das achte nun dein eigen:
            dein ist mein Erbe,
            Land und Leut' –
        hilf, mein Leib, meinem Eide!
        Mich selbst geb ich zum Mann.
S i e g f r i e d.  Nicht Land noch Leute biete ich,
        noch Vaters Haus und Hof:
            einzig erb' ich
            den eignen Leib;
        lebend zehr ich den auf.
            Nur ein Schwert hab ich,
            selbst geschmiedet:
        hilf, mein Schwert, meinem Eide!
        Das biet ich mit mir zum Bund.
H a g e n *(der zurückgekommen ist und jetzt hinter Siegfried steht).* Doch des Nibelungenhortes
        nennt die Märe dich Herrn?

S i e g f r i e d *(sich zu Hagen umwendend).*
        Des Schatzes vergaß ich fast:
        so schätz ich sein müß'ges Gut!
        In einer Höhle ließ ich's liegen,
        wo ein Wurm es einst bewacht'.
H a g e n. Und nichts entnahmst du ihm?
S i e g f r i e d *(auf das stählerne Netzgewirk deutend, das er im Gürtel hängen hat).*
        Dies Gewirk, unkund seiner Kraft.
H a g e n. Den Tarnhelm kenn ich,
        der Niblungen künstliches Werk:
        er taugt, bedeckt er dein Haupt,
        dir zu tauschen jede Gestalt;
        verlangt's dich an fernsten Ort,
        er entführt flugs dich dahin.
        Sonst nichts entnahmst du dem Hort?
S i e g f r i e d. Einen Ring.
H a g e n. Den hütest du wohl?
S i e g f r i e d. Den hütet ein hehres Weib.
H a g e n *(für sich).* Brünnhild'!...
G u n t h e r. Nicht, Siegfried, sollst du mir tauschen:
        Tand gäb' ich für dein Geschmeid',
        nähmst all mein Gut du dafür.
        Ohn' Entgelt dien ich dir gern.
*(Hagen ist zu Gutrunes Tür gegangen und öffnet sie jetzt. Gutrune tritt heraus, sie trägt ein gefülltes Trinkhorn und naht damit Siegfried.)*
G u t r u n e. Willkommen, Gast,
        in Gibichs Haus!
        Seine Tochter reicht dir den Trank.
S i e g f r i e d *(neigt sich ihr freundlich und ergreift das Horn; er hält es gedankenvoll vor sich hin und sagt leise).*
        Vergäß' ich alles,
        was du mir gabst,
        von einer Lehre
        laß ich doch nie!
        Den ersten Trunk
        zu treuer Minne,
        Brünnhilde, bring ich dir!
*(Er setzt das Trinkhorn an und trinkt in einem langen*

*Zuge. Er reicht das Horn an Gutrune zurück, die ver-*
*schämt und verwirrt ihre Augen vor ihm niederschlägt.*
*Siegfried heftet den Blick mit schnell entbrannter Leiden-*
*schaft auf sie.)*

> Die so mit dem Blitz
> den Blick du mir sengst,
> was senkst du dein Auge vor mir?

*(Gutrune schlägt errötend das Auge zu ihm auf.)*

> Ha, schönstes Weib!
> Schließe den Blick;
> das Herz in der Brust
> brennt mir sein Strahl:
> zu feurigen Strömen fühl ich
> ihn zehrend zünden mein Blut!

*(Mit bebender Stimme.)*

> Gunther, wie heißt deine Schwester?

G u n t h e r. Gutrune.

S i e g f r i e d *(leise)*. Sind's gute Runen,
> die ihrem Aug' ich entrate?

*(Er faßt Gutrune mit feurigem Ungestüm bei der Hand.)*

> Deinem Bruder bot ich mich zum Mann:
> der Stolze schlug mich aus;
> trügst du, wie er, mir Übermut,
> böt' ich mich dir zum Bund?

*(Gutrune trifft unwillkürlich auf Hagens Blick. Sie neigt*
*demütig das Haupt, und mit einer Gebärde, als fühle sie*
*sich seiner nicht wert, verläßt sie schwankenden Schrittes*
*wieder die Halle.)*

S i e g f r i e d *(von Hagen und Gunther aufmerksam beob-*
*achtet, blickt ihr, wie festgezaubert, nach; dann, ohne sich*
*umzuwenden, fragt er).*

> Hast du, Gunther, ein Weib?

G u n t h e r. Nicht freit' ich noch,
> und einer Frau
> soll ich mich schwerlich freun!
> Auf eine setzt' ich den Sinn,
> die kein Rat mir je gewinnt.

S i e g f r i e d *(wendet sich lebhaft zu Gunther).*

> Was wär' dir versagt,
> steh ich zu dir?

G u n t h e r. Auf Felsen hoch ihr Sitz;
   ein Feuer umbrennt den Saal –
S i e g f r i e d *(mit verwunderungsvoller Hast einfallend).*
   »Auf Felsen hoch ihr Sitz;
   ein Feuer umbrennt den Saal« . . .?
G u n t h e r. Nur wer durch das Feuer bricht –
S i e g f r i e d *(mit der heftigsten Anstrengung, um eine Erinnerung festzuhalten).*
   »Nur wer durch das Feuer bricht« . . .?
G u n t h e r. – darf Brünnhildes Freier sein.
*(Siegfried drückt durch eine Gebärde aus, daß bei Nennung von Brünnhildes Namen die Erinnerung ihm vollends ganz schwindet).*
G u n t h e r. Nun darf ich den Fels nicht erklimmen;
   das Feuer verglimmt mir nie!
S i e g f r i e d *(kommt aus einem traumartigen Zustand zu sich und wendet sich mit übermütiger Lustigkeit zu Gunther).*
   Ich – fürchte kein Feuer,
   für dich frei ich die Frau;
    denn dein Mann bin ich,
    und mein Mut ist dein,
   gewinn ich mir Gutrun' zum Weib.
G u n t h e r. Gutrune gönn ich dir gerne.
S i e g f r i e d. Brünnhilde bring ich dir.
G u n t h e r. Wie willst du sie täuschen?
S i e g f r i e d. Durch des Tarnhelms Trug
   tausch ich mir deine Gestalt.
G u n t h e r. So stelle Eide zum Schwur!
S i e g f r i e d. Blut-Brüderschaft
   schwöre ein Eid!
*(Hagen füllt ein Trinkhorn mit frischem Wein; dieses hält er dann Siegfried und Gunther hin, welche sich mit ihren Schwertern die Arme ritzen und diese eine kurze Zeit über die Öffnung des Trinkhorns halten. Siegfried und Gunther legen zwei ihrer Finger auf das Horn, welches Hagen fortwährend in ihrer Mitte hält.)*
S i e g f r i e d. Blühenden Lebens
   labendes Blut
   träufelt' ich in den Trank.

**Gunther.** Bruder-brünstig
　　　mutig gemischt,
　　blüh im Trank unser Blut.
**Beide.** Treue trink ich dem Freund.
　　　Froh und frei
　　　entblühe dem Bund
　　　Blut-Brüderschaft heut!
**Gunther.** Bricht ein Bruder den Bund –
**Siegfried.** Trügt den Treuen der Freund –
**Beide.** Was in Tropfen heut
　　　hold wir tranken,
　　in Strahlen ström' es dahin,
　　fromme Sühne dem Freund!
**Gunther** *(trinkt und reicht das Horn Siegfried).*
　　　So – biet ich den Bund.
**Siegfried.** So – trink ich dir Treu'!
　　*(Er trinkt und hält das geleerte Trinkhorn Hagen hin.*
　　*Hagen zerschlägt mit seinem Schwerte das Horn in zwei*
　　*Stücke. Siegfried und Gunther reichen sich die Hände.)*
**Siegfried** *(betrachtet Hagen, welcher während des*
　　*Schwures hinter ihm gestanden).*
　　　Was nahmst du am Eide nicht teil?
**Hagen.** Mein Blut verdürb' euch den Trank;
　　　nicht fließt mir's echt
　　　und edel wie euch;
　　　störrisch und kalt
　　　stockt's in mir;
　　nicht will's die Wange mir röten.
　　　Drum bleib ich fern
　　　vom feurigen Bund.
**Gunther** *(zu Siegfried).*
　　　Laß den unfrohen Mann!
**Siegfried** *(hängt sich den Schild wieder über).*
　　　Frisch auf die Fahrt!
　　　Dort liegt mein Schiff;
　　schnell führt es zum Felsen.
　　*(Er tritt näher zu Gunther und bedeutet diesen.)*
　　　Eine Nacht am Ufer
　　　harrst du im Nachen;
　　die Frau fährst du dann heim.

*(Er wendet sich zum Fortgehen und winkt Gunther, ihm*
*zu folgen.)*

G u n t h e r. Rastest du nicht zuvor?

S i e g f r i e d. Um die Rückkehr ist mir's jach!

*(Er geht zum Ufer, um das Schiff loszubinden.)*

G u n t h e r. Du, Hagen, bewache die Halle!

*(Er folgt Siegfried zum Ufer. – Während Siegfried und*
*Gunther, nachdem sie ihre Waffen darin niedergelegt, im*
*Schiff das Segel aufstecken und alles zur Abfahrt bereit-*
*machen, nimmt Hagen seinen Speer und Schild. Gutrune*
*erscheint an der Tür ihres Gemachs, als soeben Siegfried*
*das Schiff abstößt, welches sogleich der Mitte des Stromes*
*zutreibt.)*

G u t r u n e. Wohin eilen die Schnellen?

H a g e n *(während er sich gemächlich mit Schild und Speer*
*vor der Halle niedersetzt).*

    Zu Schiff – Brünnhild' zu frein.

G u t r u n e. Siegfried?

H a g e n. Sieh, wie's ihn treibt,
        zum Weib dich zu gewinnen!

G u t r u n e. Siegfried – mein!

*(Sie geht, lebhaft erregt, in ihr Gemach zurück. Siegfried*
*hat das Ruder erfaßt und treibt jetzt mit dessen Schlägen*
*den Nachen stromabwärts, so daß dieser bald gänzlich*
*außer Gesicht kommt.)*

H a g e n *(sitzt mit dem Rücken an den Pfosten der Halle*
*gelehnt, bewegungslos).*

        Hier sitz ich zur Wacht,
        wahre den Hof,
    wehre die Halle dem Feind.

        Gibichs Sohne
        wehet der Wind,
    auf Werben fährt er dahin.

        Ihm führt das Steuer
        ein starker Held,
    Gefahr ihm will er bestehn.

        Die eigne Braut
        ihm bringt er zum Rhein;
    mir aber bringt er – den Ring!

        Ihr freien Söhne,

>           frohe Gesellen,
>        segelt nur lustig dahin!
>           Dünkt er euch niedrig,
>        ihr dient ihm doch,
>     des Niblungen Sohn.

*(Ein Teppich, welcher dem Vordergrunde zu die Halle
einfaßte, schlägt zusammen und schließt die Bühne vor
dem Zuschauer ab.)*


ORCHESTERZWISCHENSPIEL


DRITTE SZENE

Die Felsenhöhle
*(Wie im Vorspiel)*

*Brünnhilde sitzt am Eingange des Steingemachs, in stummem
Sinnen Siegfrieds Ring betrachtend; von wonniger Erinnerung überwältigt, bedeckt sie ihn mit Küssen. Ferner Donner
läßt sich vernehmen, sie blickt auf und lauscht. Dann wendet sie sich wieder zu dem Ring. Ein feuriger Blitz. Sie
lauscht von neuem und späht nach der Ferne, von woher
eine finstre Gewitterwolke dem Felsensaume zuzieht.*

B r ü n n h i l d e. Altgewohntes Geräusch
          raunt meinem Ohr die Ferne.
             Ein Luftroß jagt
             im Laufe daher;
             auf der Wolke fährt es
             wetternd zum Fels.
          Wer fand mich Einsame auf?
W a l t r a u t e s   S t i m m e *(aus der Ferne).*
             Brünnhilde! Schwester!
             Schläfst oder wachst du?
B r ü n n h i l d e *(fährt vom Sitze auf).*
             Waltrautes Ruf,
                so wonnig mir kund! *(In die Szene rufend.)*
             Kommst du, Schwester?
             Schwingst dich kühn zu mir her?

*(Sie eilt nach dem Felsrande.)*
Dort im Tann
– dir noch vertraut –
steige vom Roß
und stell den Renner zur Rast!

*(Sie stürmt in den Tann, von wo ein starkes Geräusch,
gleich einem Gewitterschlage, sich vernehmen läßt. Dann
kommt sie in heftiger Bewegung mit Waltraute zurück;
sie bleibt freudig erregt, ohne Waltrautes ängstliche Scheu
zu beachten.)*
Kommst du zu mir?
Bist du so kühn,
magst ohne Grauen
Brünnhild' bieten den Gruß?

W a l t r a u t e. Einzig dir nur
galt meine Eil'!

B r ü n n h i l d e *(in höchster freudiger Aufgeregtheit).*
So wagtest du, Brünnhild' zulieb,
Walvaters Bann zu brechen?
Oder wie – o sag –
wär' wider mich
Wotans Sinn erweicht?
Als dem Gott entgegen
Siegmund ich schützte,
fehlend – ich weiß es –
erfüllt' ich doch seinen Wunsch.
Daß sein Zorn sich verzogen,
weiß ich auch;
denn verschloß er mich gleich in Schlaf,
fesselt' er mich auf den Fels,
wies er dem Mann mich zur Magd,
der am Weg mich fänd' und erweckt' –
meiner bangen Bitte
doch gab er Gunst:
mit zehrendem Feuer
umzog er den Fels,
dem Zagen zu wehren den Weg.
So zur Seligsten
schuf mich die Strafe:
der herrlichste Held

gewann mich zum Weib!
In seiner Liebe
leucht und lach ich heut auf.
*(Sie umarmt Waltraute, die mit scheuer Ungeduld abzu-*
*wehren sucht.)*
Lockte dich, Schwester, mein Los?
An meiner Wonne
willst du dich weiden,
teilen, was mich betraf?

W a l t r a u t e *(heftig).*
Teilen den Taumel,
der dich Törin erfaßt?
Ein andres bewog mich in Angst,
zu brechen Wotans Gebot.
*(Brünnhilde gewahrt hier erst Waltrautes wildaufgeregte*
*Stimmung.)*
B r ü n n h i l d e. Angst und Furcht
fesseln dich Arme?
So verzieh der Strenge noch nicht?
Du zagst vor des Strafenden Zorn?

W a l t r a u t e *(düster).*
Dürft' ich ihn fürchten,
meiner Angst fänd' ich ein End'!

B r ü n n h i l d e. Staunend versteh ich dich nicht!

W a l t r a u t e. Wehre der Wallung,
achtsam höre mich an!
Nach Walhall wieder
drängt mich die Angst,
die von Walhall hieher mich trieb.

B r ü n n h i l d e *(erschrocken).*
Was ist's mit den ewigen Göttern?

W a l t r a u t e. Höre mit Sinn, was ich sage!
Seit er von dir geschieden,
zur Schlacht nicht mehr
schickte uns Wotan;
irr und ratlos
ritten wir ängstlich zu Heer;
Walhalls mutige Helden
mied Walvater.
Einsam zu Roß,

ohne Ruh noch Rast,
durchschweift' er als Wandrer die Welt.
Jüngst kehrte er heim;
  in der Hand hielt er
  seines Speeres Splitter:
die hatte ein Held ihm geschlagen.
  Mit stummem Wink
  Walhalls Edle
  wies er zum Forst,
die Weltesche zu fällen.
  Des Stammes Scheite
  hieß er sie schichten
  zu ragendem Hauf
rings um der Seligen Saal.
  Der Götter Rat
  ließ er berufen;
  den Hochsitz nahm
  heilig er ein:
  ihm zu Seiten
hieß er die Bangen sich setzen,
  in Ring und Reih'
die Hall' erfüllen die Helden.
  So sitzt er,
  sagt kein Wort,
  auf hehrem Sitze
  stumm und ernst,
  des Speeres Splitter
  fest in der Faust;
  Holdas Äpfel
  rührt er nicht an.
  Staunen und Bangen
binden starr die Götter.
  Seine Raben beide
  sandt' er auf Reise:
  kehrten die einst
mit guter Kunde zurück,
  dann noch einmal,
  zum letztenmal,
lächelte ewig der Gott.
  Seine Knie umwindend,

liegen wir Walküren;
blind bleibt er
den flehenden Blicken;
uns alle verzehrt
Zagen und endlose Angst.
An seine Brust
preßt' ich mich weinend:
da brach sich sein Blick –
er gedachte, Brünnhilde, dein!
Tief seufzt' er auf,
schloß das Auge,
und wie im Traume
raunt' er das Wort:
»Des tiefen Rheines Töchtern
gäbe den Ring sie wieder zurück,
von des Fluches Last
erlöst wär' Gott und die Welt!«
Da sann ich nach:
von seiner Seite
durch stumme Reihen
stahl ich mich fort;
in heimlicher Hast
bestieg ich mein Roß
und ritt im Sturme zu dir.
Dich, o Schwester,
beschwör ich nun:
was du vermagst,
vollend' es dein Mut!
Ende der Ewigen Qual!
*(Sie hat sich vor Brünnhilde niedergeworfen.)*
Brünnhilde *(ruhig).*
Welch banger Träume Mären
meldest du Traurige mir!
Der Götter heiligem
Himmelsnebel
bin ich Törin enttaucht:
nicht faß ich, was ich erfahre.
Wirr und wüst
scheint mir dein Sinn;
in deinem Aug',

                    so übermüde,
               glänzt flackernde Glut.
                    Mit blasser Wange,
                    du bleiche Schwester,
               was willst du Wilde von mir?

W a l t r a u t e  *(heftig).*
               An deiner Hand, der Ring,
               er ist's; hör meinen Rat:
               für Wotan wirf ihn von dir!

B r ü n n h i l d e.  Den Ring? Von mir?

W a l t r a u t e.  Den Rheintöchtern gib ihn zurück!

B r ü n n h i l d e.  Den Rheintöchtern, ich, den Ring?
               Siegfrieds Liebespfand?
                    Bist du von Sinnen?

W a l t r a u t e.  Hör mich, hör meine Angst!
                    Der Welt Unheil
               haftet sicher an ihm.
                    Wirf ihn von dir,
                    fort in die Welle!
               Walhalls Elend zu enden,
               den verfluchten wirf in die Flut!

B r ü n n h i l d e.  Ha, weißt du, was er mir ist?
                    Wie kannst du's fassen,
                    fühllose Maid!
               Mehr als Walhalls Wonne,
               mehr als der Ewigen Ruhm
                    ist mir der Ring:
               ein Blick auf sein helles Gold,
               ein Blitz aus dem hehren Glanz
                    gilt mir werter
                    als aller Götter
               ewig währendes Glück!
                    Denn selig aus ihm
               leuchtet mir Siegfrieds Liebe,
                    Siegfrieds Liebe!
               O ließ' sich die Wonne dir sagen!
               Sie – wahrt mir der Reif.
                    Geh hin zu der Götter
                    heiligem Rat!
                    Von meinem Ringe

> raun ihnen zu:
> Die Liebe ließe ich nie,
> mir nähmen nie sie die Liebe,
> stürzt' auch in Trümmern
> Walhalls strahlende Pracht!

W a l t r a u t e.  Dies deine Treue?
> So in Trauer
> entlässest du lieblos die Schwester?

B r ü n n h i l d e.  Schwinge dich fort!
> Fliege zu Roß!
> Den Ring entführst du mir nicht!

W a l t r a u t e.  Wehe! Wehe!
> Weh dir, Schwester!
> Walhalls Göttern weh!

*(Sie stürzt fort. Bald erhebt sich unter Sturm eine Ge-*
*witterwolke aus dem Tann.)*

B r ü n n h i l d e  *(während sie der davonjagenden, hell er-*
*leuchteten Gewitterwolke, die sich bald gänzlich in der*
*Ferne verliert, nachblickt.)*
> Blitzend Gewölk,
> vom Wind getragen,
> stürme dahin:
> zu mir nie steure mehr her!

*(Es ist Abend geworden. Aus der Tiefe leuchtet der Feuer-*
*schein allmählich heller auf. Brünnhilde blickt ruhig in die*
*Landschaft hinaus.)*
> Abendlich Dämmern
> deckt den Himmel;
> heller leuchtet
> die hütende Lohe herauf.

*(Der Feuerschein nähert sich aus der Tiefe. Immer glü-*
*hendere Flammenzungen lecken über den Felsensaum auf.)*
> Was leckt so wütend
> die lodernde Welle zum Wall?
> Zur Felsenspitze
> wälzt sich der feurige Schwall.

*(Man hört aus der Tiefe Siegfrieds Hornruf nahen.*
*Brünnhilde lauscht und fährt entzückt auf.)*
> Siegfried!
> Siegfried zurück?

Seinen Ruf sendet er her!
Auf! – Auf, ihm entgegen!
In meines Gottes Arm!
*(Sie eilt in höchstem Entzücken dem Felsrande zu. Feuer-*
*flammen schlagen herauf, aus ihnen springt Siegfried auf*
*einen hochragenden Felsstein empor, worauf die Flammen*
*sogleich wieder zurückweichen und abermals nur aus der*
*Tiefe heraufleuchten. Siegfried, auf dem Haupte den*
*Tarnhelm, der ihm bis zur Hälfte das Gesicht verdeckt*
*und nur die Augen freiläßt, erscheint in Gunthers Gestalt.)*
B r ü n n h i l d e *(voll Entsetzen zurückweichend).*
      Verrat! – Wer drang zu mir?
*(Sie flieht bis in den Vordergrund und heftet in sprach-*
*losem Erstaunen ihren Blick auf Siegfried.)*
S i e g f r i e d *(im Hintergrunde auf dem Steine verweilend,*
*betrachtet sie lange, regungslos auf seinen Schild gelehnt;*
*dann redet er sie mit verstellter – tieferer – Stimme an).*
      Brünnhild'! Ein Freier kam,
      den dein Feuer nicht geschreckt.
      Dich werb ich nun zum Weib:
      du folge willig mir!
B r ü n n h i l d e *(heftig zitternd).*
      Wer ist der Mann,
      der das vermochte,
      was dem Stärksten nur bestimmt?
S i e g f r i e d *(unverändert wie zuvor).*
      Ein Helde, der dich zähmt,
      bezwingt Gewalt dich nur.
B r ü n n h i l d e *(von Grausen erfaßt).*
      Ein Unhold schwang sich
      auf jenen Stein!
      Ein Aar kam geflogen,
      mich zu zerfleischen!
      Wer bist du, Schrecklicher? *(Langes Schweigen.)*
      Stammst du von Menschen?
      Kommst du von Hellas
      nächtlichem Heer?
S i e g f r i e d *(wie zuvor, mit etwas bebender Stimme be-*
*ginnend, alsbald aber wieder sicherer fortfahrend).*
      Ein Gibichung bin ich,

        und Gunther heißt der Held,
        dem, Frau, du folgen sollst.

B r ü n n h i l d e *(in Verzweiflung ausbrechend).*
        Wotan! Ergrimmter,
        grausamer Gott!
        Weh! Nun erseh ich
        der Strafe Sinn;
        zu Hohn und Jammer
        jagst du mich hin!

S i e g f r i e d *(springt vom Stein herab und tritt näher
heran).*    Die Nacht bricht an:
        in deinem Gemach
        mußt du dich mir vermählen!

B r ü n n h i l d e *(indem sie den Finger, an dem sie Sieg-
friends Ring trägt, drohend ausstreckt).*
        Bleib fern! Fürchte dies Zeichen!
        Zur Schande zwingst du mich nicht,
        solang der Ring mich beschützt.

S i e g f r i e d. Mannesrecht gebe er Gunther,
        durch den Ring sei er ihm vermählt!

B r ü n n h i l d e. Zurück, du Räuber!
        Frevelnder Dieb!
        Erfreche dich nicht, mir zu nahn!
        Stärker als Stahl
        macht mich der Ring:
        nie – raubst du ihn mir!

S i e g f r i e d. Von dir ihn zu lösen,
        lehrst du mich nun!

        *(Er dringt auf sie ein; sie ringen miteinander. Brünnhilde
        windet sich los, flieht und wendet sich um, wie zur Wehr.
        Siegfried greift sie von neuem an. Sie flieht, er erreicht
        sie. Beide ringen heftig miteinander. Er faßt sie bei der
        Hand und entzieht ihrem Finger den Ring. Sie schreit hef-
        tig auf. Als sie wie zerbrochen in seinen Armen nieder-
        sinkt, streift ihr Blick bewußtlos die Augen Siegfrieds.)*

S i e g f r i e d *(läßt die Machtlose auf die Steinbank vor
dem Felsengemach niedergleiten).*
        Jetzt bist du mein,
        Brünnhilde, Gunthers Braut –
        Gönne mir nun dein Gemach!

Brünnhilde *(starrt ohnmächtig vor sich hin, matt).*
      Was könntest du wehren,
      elendes Weib?
*(Siegfried treibt sie mit einer gebietenden Bewegung an.
Zitternd und wankenden Schrittes geht sie in das Gemach.)*
Siegfried *(das Schwert ziehend, mit seiner natürlichen
Stimme).* Nun, Notung, zeuge du,
      daß ich in Züchten warb.
      Die Treue wahrend dem Bruder,
      trenne mich von seiner Braut!
*(Er folgt Brünnhilde nach. Der Vorhang fällt.)*


ORCHESTERVORSPIEL


ZWEITER AUFZUG


Uferraum

*vor der Halle der Gibichungen; rechts der offene Eingang
zur Halle; links das Rheinufer; von diesem aus erhebt sich
eine durch verschiedene Bergpfade gespaltene, felsige Anhöhe quer über die Bühne, nach rechts dem Hintergrunde zu
aufsteigend. Dort sieht man einen der Fricka errichteten
Weihstein, welchem höher hinauf ein größerer für Wotan,
sowie seitwärts ein gleicher dem Donner geweihter ent-
spricht. Es ist Nacht.*


ERSTE SZENE

*Hagen, den Speer im Arm, den Schild zur Seite, sitzt schla-
fend an einen Pfosten der Halle gelehnt. Der Mond wirft
plötzlich ein grelles Licht auf ihn und seine nächste Um-
gebung; man gewahrt Alberich vor Hagen kauernd, die
Arme auf dessen Knie gelehnt.*

Alberich *(leise).*
      Schläfst du, Hagen, mein Sohn?

   Du schläfst und hörst mich nicht,
   den Ruh' und Schlaf verriet?

H a g e n *(leise, ohne sich zu rühren, so daß er immerfort zu*
*schlafen scheint, obwohl er die Augen offen hat).*
   Ich höre dich, schlimmer Albe:
   was hast du meinem Schlaf zu sagen?

A l b e r i c h.
   Gemahnt sei der Macht,
    der du gebietest,
    bist du so mutig,
   wie die Mutter dich mir gebar!

H a g e n *(immer wie zuvor).*
   Gab mir die Mutter Mut,
   nicht mag ich ihr doch danken,
   daß deiner List sie erlag:
   frühalt, fahl und bleich,
    haß ich die Frohen,
    freue mich nie!

A l b e r i c h *(wie zuvor).*
    Hagen, mein Sohn!
    Hasse die Frohen!
    Mich Lustfreien,
    Leidbelasteten
   liebst du so, wie du sollst!
    Bist du kräftig,
    kühn und klug:
    die wir bekämpfen
    mit nächtigem Krieg,
   schon gibt ihnen Not unser Neid.
   Der einst den Ring mir entriß,
   Wotan, der wütende Räuber,
    vom eignen Geschlechte
    ward er geschlagen:
    an den Wälsung verlor er
    Macht und Gewalt;
   mit der Götter ganzer Sippe
   in Angst ersieht er sein Ende.
   Nicht ihn fürcht ich mehr:
   fallen muß er mit allen!
   Schläfst du, Hagen, mein Sohn?

Hagen (*unverändert wie zuvor*).
   Der Ewigen Macht,
   wer erbte sie?
Alberich. Ich – und du!
   Wir erben die Welt.
   Trüg ich mich nicht
   in deiner Treu',
  teilst du meinen Gram und Grimm.
   Wotans Speer
   zerspellte der Wälsung,
   der Fafner, den Wurm,
   im Kampfe gefällt
  und kindisch den Reif sich errang.
   Jede Gewalt
   hat er gewonnen;
  Walhall und Nibelheim
   neigen sich ihm.
   (*Immer heimlich.*)
   An dem furchtlosen Helden
   erlahmt selbst mein Fluch:
   denn nicht kennt er
   des Ringes Wert,
   zu nichts nützt er
   die neidlichste Macht.
  Lachend in liebender Brunst,
  brennt er lebend dahin.
   Ihn zu verderben,
   taugt uns nun einzig!
  Hörst du, Hagen, mein Sohn?
Hagen (*wie zuvor*).
   Zu seinem Verderben
   dient er mir schon.
Alberich. Den goldnen Ring,
   den Reif gilt's zu erringen!
   Ein weises Weib
  lebt dem Wälsung zulieb:
   riet es ihm je
   des Rheines Töchtern,
   die in Wassers Tiefen
   einst mich betört,

        zurückzugeben den Ring,
        verloren ging' mir das Gold,
        keine List erlangte es je.
            Drum ohne Zögern
            ziel auf den Reif!
            Dich Zaglosen
            zeugt' ich mir ja,
            daß wider Helden
            hart du mir hieltest.
        Zwar stark nicht genug,
        den Wurm zu bestehn,
        was allein dem Wälsung bestimmt,
        zu zähem Haß doch
        erzog ich Hagen,
        der soll mich nun rächen,
            den Ring gewinnen
        dem Wälsung und Wotan zum Hohn!
        Schwörst du mir's, Hagen, mein Sohn?

  *(Von hier an bedeckt ein immer finsterer werdender*
*Schatten wieder Alberich. Zugleich beginnt das erste*
*Tagesgrauen.)*

H a g e n *(immer wie zuvor).*
            Den Ring soll ich haben:
            harre in Ruh'!

A l b e r i c h. Schwörst du mir's, Hagen, mein Held?

H a g e n. Mir selbst schwör ich's;
            schweige die Sorge!

A l b e r i c h *(wie er allmählich immer mehr dem Blicke*
*entschwindet, wird auch seine Stimme immer unvernehm-*
*barer).*
            Sei treu, Hagen, mein Sohn!
            Trauter Helde! – Sei treu!
              Sei treu! – Treu!

*(Alberich ist gänzlich verschwunden. Hagen, der unver-*
*ändert in seiner Stellung verblieben, blickt regungslos und*
*starren Auges nach dem Rheine hin, auf welchem sich die*
*Morgendämmerung ausbreitet. Der Rhein färbt sich im-*
*mer stärker vom erglühenden Morgenrot.)*

### ZWEITE SZENE

*Hagen macht eine zuckende Bewegung. Siegfried tritt plötz-*
*lich, dicht am Ufer, hinter einem Busche hervor. Er ist in*
*seiner eigenen Gestalt; nur den Tarnhelm hat er noch auf*
*dem Haupte. Er zieht ihn jetzt ab und hängt ihn, während*
*er hervorschreitet, in den Gürtel.*

S i e g f r i e d.  Hoiho, Hagen!
       Müder Mann!
       Siehst du mich kommen?
H a g e n *(gemächlich sich erhebend)*.
       Hei, Siegfried!
       Geschwinder Helde!
       Wo brausest du her?
S i e g f r i e d.  Vom Brünnhildenstein!
       Dort sog ich den Atem ein,
       mit dem ich dich rief:
       so rasch war meine Fahrt!
       Langsamer folgt mir ein Paar:
       zu Schiff gelangt das her!
H a g e n.  So zwangst du Brünnhild'?
S i e g f r i e d.  Wacht Gutrune?
H a g e n *(in die Halle rufend)*.
       Hoiho, Gutrune,
       komm heraus!
       Siegfried ist da:
       was säumst du drin?
S i e g f r i e d *(zur Halle sich wendend)*.
       Euch beiden meld ich,
       wie ich Brünnhild' band.
*(Gutrune tritt ihm aus der Halle entgegen.)*
S i e g f r i e d.  Heiß mich willkommen,
       Gibichskind!
       Ein guter Bote bin ich dir.
G u t r u n e.  Freia grüße dich
       zu aller Frauen Ehre!
S i e g f r i e d.  Frei und hold
       sei nun mir Frohem:
       zum Weib gewann ich dich heut.
G u t r u n e.  So folgt Brünnhild' meinem Bruder?

S i e g f r i e d.  Leicht ward die Frau ihm gefreit.
G u t r u n e.  Sengte das Feuer ihn nicht?
S i e g f r i e d.  Ihn hätt' es auch nicht versehrt,
   doch ich durchschritt es für ihn,
   da dich ich wollt' erwerben.
G u t r u n e.  Und dich hat es verschont?
S i e g f r i e d.  Mich freute die schwelende Brunst.
G u t r u n e.  Hielt Brünnhild' dich für Gunther?
S i e g f r i e d.  Ihm glich ich auf ein Haar:
   der Tarnhelm wirkte das,
   wie Hagen tüchtig es wies.
H a g e n.  Dir gab ich guten Rat.
G u t r u n e.  So zwangst du das kühne Weib?
S i e g f r i e d.  Sie wich – Gunthers Kraft.
G u t r u n e.  Und vermählte sie sich dir?
S i e g f r i e d.  Ihrem Mann gehorchte Brünnhild'
   eine volle bräutliche Nacht.
G u t r u n e.  Als ihr Mann doch galtest du?
S i e g f r i e d.  Bei Gutrune weilte Siegfried.
G u t r u n e.  Doch zur Seite war ihm Brünnhild'?
S i e g f r i e d  *(auf sein Schwert deutend).*
   Zwischen Ost und West der Nord:
   so nah – war Brünnhild' ihm fern.
G u t r u n e.  Wie empfing Gunther sie nun von dir?
S i e g f r i e d.  Durch des Feuers verlöschende Lohe
   im Frühnebel vom Felsen
   folgte sie mir zu Tal;
    dem Strande nah,
    flugs die Stelle
   tauschte Gunther mit mir:
   durch des Geschmeides Tugend
   wünsch' ich mich schnell hieher.
   Ein starker Wind nun treibt
   die Trauten den Rhein herauf:
   drum rüstet jetzt den Empfang!
G u t r u n e.  Siegfried, mächtigster Mann!
   Wie faßt mich Furcht vor dir!
H a g e n  *(von der Höhe im Hintergrunde den Fluß hinab-*
 *spähend).*
   In der Ferne seh ich ein Segel.

S i e g f r i e d.  So sagt dem Boten Dank!
G u t r u n e.  Lasset uns sie hold empfangen,
        daß heiter sie und gern hier weile!
          Du, Hagen, minnig
          rufe die Mannen
      nach Gibichs Hof zur Hochzeit!
          Frohe Frauen
        ruf ich zum Fest:
       der Freudigen folgen sie gern.
  *(Nach der Halle schreitend, wendet sie sich wieder um.)*
        Rastest du, schlimmer Held?
S i e g f r i e d.
        Dir zu helfen, ruh ich aus.
  *(Er reicht ihr die Hand und geht mit ihr in die Halle.)*


DRITTE SZENE

H a g e n *(hat einen Felsstein in der Höhe des Hintergrun*
  *des erstiegen; dort setzt er, der Landseite zugewendet,*
  *sein Stierhorn zum Blasen an).*
        Hoiho! Hoihohoho!
          Ihr Gibichsmannen,
          machet euch auf!
          Wehe! Wehe!
          Waffen! Waffen!
          Waffen durchs Land!
          Gute Waffen!
          Starke Waffen,
          Scharf zum Streit.
        Not ist da!
        Not! Wehe! Wehe!
        Hoiho! Hoihohoho!
*(Hagen bleibt immer in seiner Stellung auf der Anhöhe.
Er bläst abermals. Aus verschiedenen Gegenden vom
Lande her antworten Heerhörner. Auf den verschiedenen
Höhenpfaden stürmen in Hast und Eile gewaffnete Mannen herbei, erst einzelne, dann immer mehrere zusammen,
welche sich dann auf dem Uferraum vor der Halle anhäufen.)*

D i e  M a n n e n (*erst einzelne, dann immer neu hinzu-
kommende*).

>Was tost das Horn?
>Was ruft es zu Heer?
>Wir kommen mit Wehr,
>wir kommen mit Waffen!
>Hagen! Hagen!
>Hoiho! Hoiho!
>Welche Not ist da?
>Welcher Feind ist nah?
>Wer gibt uns Streit?
>Ist Gunther in Not?
>Wir kommen mit Waffen,
>mit scharfer Wehr.
>Hoiho! Ho! Hagen!

H a g e n (*immer von der Anhöhe herab*).

>Rüstet euch wohl
>und rastet nicht;
>Gunther sollt ihr empfahn:
>ein Weib hat der gefreit.

D i e  M a n n e n. Drohet ihm Not?

>Drängt ihn der Feind?

H a g e n. Ein freisliches Weib

>führet er heim.

D i e  M a n n e n. Ihm folgen der Magen

>feindliche Mannen?

H a g e n. Einsam fährt er:

>keiner folgt.

D i e  M a n n e n. So bestand er die Not?

>So bestand er den Kampf?
>Sag es an!

H a g e n. Der Wurmtöter

>wehrte der Not:
>Siegfried, der Held,
>der schuf ihm Heil!

E i n  M a n n. Was soll ihm das Heer nun noch helfen?

Z e h n  w e i t e r e.

>Was hilft ihm nun das Heer?

H a g e n. Starke Stiere

>Sollt ihr schlachten;

am Weihstein fließe
Wotan ihr Blut!

**E i n   M a n n.** Was, Hagen, was heißest du uns dann?

**A c h t   M a n n e n.** Was heißest du uns dann?

**V i e r   w e i t e r e.** Was soll es dann?

**A l l e.** Was heißest du uns dann?

**H a g e n.** Einen Eber fällen
      sollt ihr für Froh!
      Einen stämmigen Bock
      stechen für Donner!
      Schafe aber
      schlachtet für Fricka,
    daß gute Ehe sie gebe!

**Z w e i   M a n n e n.** Schlugen wir Tiere,
      was schaffen wir dann?

**W e i t e r e   1 6   M a n n e n.** Schlugen wir Tiere,
      was schaffen wir dann?

**H a g e n.** Das Trinkhorn nehmt,
      von trauten Fraun
      mit Met und Wein
      wonnig gefüllt!

**A l l e   M a n n e n.** Das Trinkhorn zur Hand,
      wie halten wir es dann?

**H a g e n.** Rüstig gezecht,
      bis der Rausch euch zähmt!
      Alles den Göttern zu Ehren,
      daß gute Ehe sie geben!

**D i e   M a n n e n** *(brechen in ein schallendes Gelächter aus).*
      Groß Glück und Heil
      lacht nun dem Rhein,
      da Hagen, der Grimme,
      so lustig mag sein!
      Der Hagedorn
      sticht nun nicht mehr;
      zum Hochzeitrufer
      ward er bestellt.

**H a g e n** *(der immer sehr ernst geblieben, ist zu den Man-*
*nen herabgestiegen und steht jetzt unter ihnen).*
      Nun laßt das Lachen,
      mut'ge Mannen!

       Empfangt Gunthers Braut!
       Brünnhilde naht dort mit ihm.
*(Er deutet die Mannen nach dem Rhein hin; diese eilen zum Teil nach der Anhöhe, während andere sich am Ufer aufstellen, um die Ankommenden zu erblicken. Näher zu einigen Mannen tretend.)*
       Hold seid der Herrin,
       helfet ihr treu:
       traf sie ein Leid,
       rasch seid zur Rache!
*(Er wendet sich langsam zur Seite, in den Hintergrund. Während des Folgenden kommt der Nachen mit Gunther und Brünnhilde auf dem Rheine an.)*
D i e  M a n n e n *(erst einer, dann mehrere, schließlich alle).*
       Heil! Heil!
       Willkommen! Willkommen!
*(Einige der Mannen springen in den Fluß und ziehen den Kahn an das Land. Alles drängt sich immer dichter an das Ufer.)*
       Willkommen! Gunther!
       Heil! Heil!


### VIERTE SZENE

*Gunther steigt mit Brünnhilde aus dem Kahn; die Mannen reihen sich ehrerbietig zu ihrem Empfange. Während des Folgenden geleitet Gunther Brünnhilde feierlich an der Hand.*

D i e  M a n n e n. Heil dir, Gunther!
       Heil dir und deiner Braut!
       Willkommen!
*(Sie schlagen die Waffen tosend zusammen.)*
G u n t h e r *(Brünnhilde, welche bleich und gesenkten Blickes ihm folgt, den Mannen vorstellend).*
       Brünnhild', die hehrste Frau,
       bring ich euch her zum Rhein.
       Ein edleres Weib
       ward nie gewonnen.
       Der Gibichungen Geschlecht,

>     gaben die Götter ihm Gunst,
>         zum höchsten Ruhm
>         rag' es nun auf!

Die Mannen *(feierlich an ihre Waffen schlagend)*.
>         Heil! Heil dir,
>         glücklicher Gibichung!

*(Gunther geleitet Brünnhilde, die nie aufblickt, zur Halle, aus welcher jetzt Siegfried und Gutrune, von Frauen begleitet, heraustreten.)*

Gunther *(hält vor der Halle an)*.
>         Gegrüßt sei, teurer Held;
>         gegrüßt, holde Schwester!
>         Dich seh ich froh ihm zur Seite,
>         der dich zum Weib gewann.
>             Zwei sel'ge Paare
>             seh ich hier prangen:
>         *(Er führt Brünnhilde näher heran.)*
>         Brünnhild' und Gunther,
>         Gutrun' und Siegfried!

*(Brünnhilde schlägt erschreckt die Augen auf und erblickt Siegfried; wie in Erstaunen bleibt ihr Blick auf ihn gerichtet. Gunther, welcher Brünnhildes heftig zuckende Hand losgelassen hat, sowie alle übrigen zeigen starre Betroffenheit über Brünnhildes Benehmen.)*

Einige Mannen. Was ist ihr? Ist sie entrückt?
*(Brünnhilde beginnt zu zittern.)*

Siegfried *(geht ruhig einige Schritte auf Brünnhilde zu)*.    Was müht Brünnhildes Blick?

Brünnhilde *(kaum ihrer mächtig)*.
>         Siegfried ... hier ...! Gutrune ...?

Siegfried. Gunthers milde Schwester:
>         mir vermählt
>         wie Gunther du.

Brünnhilde *(furchtbar heftig)*.
>         Ich ... Gunther ...? Du lügst!

*(Sie schwankt und droht umzusinken; Siegfried, ihr zunächst, stützt sie.)*
>         Mir schwindet das Licht ...
*(Sie blickt in seinen Armen matt zu Siegfried auf.)*
>         Siegfried – kennt mich nicht?

S i e g f r i e d.  Gunther, deinem Weib ist übel!
        *(Gunther tritt hinzu.)*
        Erwache, Frau!
        Hier steht dein Gatte.
B r ü n n h i l d e *(erblickt am Finger Siegfrieds den Ring und schrickt mit furchtbarer Heftigkeit auf).*
        Ha! – Der Ring
        an seiner Hand!
        Er ... Siegfried?
E i n i g e  M a n n e n.  Was ist? Was ist?
H a g e n *(aus dem Hintergrunde unter die Mannen tretend).*
        Jetzt merket klug,
        was die Frau euch klagt!
B r ü n n h i l d e *(sucht sich zu ermannen, indem sie die schrecklichste Aufregung gewaltsam zurückhält).*
        Einen Ring sah ich
        an deiner Hand.
        Nicht dir gehört er,
        ihn entriß mir *(auf Gunther deutend)*
        dieser Mann!
        Wie mochtest von ihm
        den Ring du empfahn?
S i e g f r i e d *(aufmerksam den Ring an seiner Hand betrachtend).*
        Den Ring empfing ich
        nicht von ihm.
B r ü n n h i l d e *(zu Gunther).*
        Nahmst du von mir den Ring,
        durch den ich dir vermählt;
        so melde ihm dein Recht,
        fordre zurück das Pfand!
G u n t h e r *(in großer Verwirrung).*
        Den Ring? Ich gab ihm keinen:
        Doch – kennst du ihn auch gut?
B r ü n n h i l d e.  Wo bärgest du den Ring,
        den du von mir erbeutet?
        *(Gunther schweigt in höchster Betroffenheit.)*
B r ü n n h i l d e *(wütend auffahrend).*
        Ha! – Dieser war es,

der mir den Ring entriß:
Siegfried, der trugvolle Dieb!
*(Alles blickt erwartungsvoll auf Siegfried, welcher über*
*der Betrachtung des Ringes in fernes Sinnen entrückt ist.)*
S i e g f r i e d.  Von keinem Weib
kam mir der Reif;
noch war's ein Weib,
dem ich ihn abgewann:
genau erkenn ich
des Kampfes Lohn,
den vor Neidhöhl' einst ich bestand,
als den starken Wurm ich erschlug.
H a g e n *(zwischen sie tretend).*
Brünnhild', kühne Frau,
kennst du genau den Ring?
Ist's der, den du Gunther gabst,
so ist er sein,
und Siegfried gewann ihn durch Trug,
den der Treulose büßen sollt'!
B r ü n n h i l d e *(in furchtbarstem Schmerze aufschreiend).*
Betrug! Betrug!
Schändlichster Betrug!
Verrat! Verrat!
Wie noch nie er gerächt!
G u t r u n e.  Verrat? An wem?
M a n n e n.  Verrat? Verrat?
F r a u e n.  Verrat? An wem?
B r ü n n h i l d e.  Heil'ge Götter,
himmlische Lenker!
Rauntet ihr dies
in eurem Rat?
Lehrt ihr mich Leiden,
wie keiner sie litt?
Schuft ihr mir Schmach,
wie nie sie geschmerzt?
Ratet nun Rache,
wie nie sie gerast!
Zündet mir Zorn,
wie noch nie er gezähmt!
Heißet Brünnhild',

                 ihr Herz zu zerbrechen,
                 den zu zertrümmern,
                 der sie betrog!
G u n t h e r.  Brünnhild', Gemahlin!
                 Mäß'ge dich!
B r ü n n h i l d e.  Weich fern, Verräter!
                 Selbst Verratner!
                 Wisset denn alle:
                 nicht ihm —
                 dem Manne dort
                 bin ich vermählt.
F r a u e n.  Siegfried? Gutruns Gemahl?
M a n n e n.  Gutruns Gemahl?
B r ü n n h i l d e.  Er zwang mir Lust
                 und Liebe ab.
S i e g f r i e d.  Achtest du so
                 der eignen Ehre?
                 Die Zunge, die sie lästert,
                 muß ich der Lüge zeihen?
                 Hört, ob ich Treue brach!
                 Blutbrüderschaft
                 hab ich Gunther geschworen:
                 Notung, das werte Schwert,
                 wahrte der Treue Eid;
                 mich trennte seine Schärfe
                 von diesem traur'gen Weib.
B r ü n n h i l d e.  Du listiger Held,
                 sieh, wie du lügst!
                 Wie auf dein Schwert
                 du schlecht dich berufst!
                 Wohl kenn ich seine Schärfe,
                 doch kenn auch die Scheide,
                 darin so wonnig
                 ruht' an der Wand
                 Notung, der treue Freund,
                 als die Traute sein Herr sich gefreit.
D i e  M a n n e n  (*in lebhafter Entrüstung zusammentre-*
     *tend*). Wie? Brach er die Treue?
                 Trübte er Gunthers Ehre?
D i e  F r a u e n.  Brach er die Treue?

G u n t h e r *(zu Siegfried).*
　　　　　Geschändet wär' ich,
　　　　　schmählich bewahrt,
　　　　　gäbst du die Rede
　　　　　nicht ihr zurück!
G u t r u n e. Treulos, Siegfried,
　　　　　sännest du Trug?
　　　　　Bezeuge, daß jene
　　　　　falsch dich zeiht!
D i e   M a n n e n. Reinige dich,
　　　　　bist du im Recht!
　　　　　Schweige die Klage!
　　　　　Schwöre den Eid!
S i e g f r i e d. Schweig' ich die Klage,
　　　　　schwör' ich den Eid:
　　　　　wer von euch wagt
　　　　　seine Waffe daran?
H a g e n. Meines Speeres Spitze
　　　　　wag ich daran:
　　　　　sie wahr' in Ehren den Eid.
　　*(Die Mannen schließen einen Ring um Siegfried und
　　Hagen. Hagen hält den Speer hin; Siegfried legt zwei
　　Finger seiner rechten Hand auf die Speerspitze.)*
S i e g f r i e d. Helle Wehr!
　　　　　Heilige Waffe!
　　　　Hilf meinem ewigen Eide!
　　　　　Bei des Speeres Spitze
　　　　　sprech ich den Eid:
　　　　Spitze, achte des Spruchs!
　　　　　Wo Scharfes mich schneidet,
　　　　　schneide du mich;
　　　　wo der Tod mich soll treffen,
　　　　treffe du mich:
　　　　klagte das Weib dort wahr,
　　　　brach ich dem Bruder die Treu'!
B r ü n n h i l d e *(tritt wütend in den Ring, reißt Siegfrieds
　　Hand vom Speere hinweg und faßt dafür mit der ihrigen
　　die Spitze).* Helle Wehr!
　　　　　Heilige Waffe!
　　　　Hilf meinem ewigen Eide!

Bei des Speeres Spitze
sprech ich den Eid:
Spitze, achte des Spruchs!
Ich weihe deine Wucht,
daß sie ihn werfe!
Deine Schärfe segne ich,
daß sie ihn schneide:
denn, brach seine Eide er all,
schwur Meineid jetzt dieser Mann!

Die Mannen *(im höchsten Aufruhr).*
Hilf, Donner,
tose dein Wetter,
zu schweigen die wütende Schmach!

Siegfried. Gunther, wehr deinem Weibe,
das schamlos Schande dir lügt!
Gönnt ihr Weil' und Ruh',
der wilden Felsenfrau,
daß ihre freche Wut sich lege,
die eines Unholds
arge List
wider uns alle erregt!
Ihr Mannen, kehret euch ab!
Laßt das Weibergekeif!
Als Zage weichen wir gern,
gilt es mit Zungen den Streit.
*(Er tritt dicht zu Gunther.)*
Glaub, mehr zürnt es mich als dich,
daß schlecht ich sie getäuscht:
der Tarnhelm, dünkt mich fast,
hat halb mich nur gehehlt.
Doch Frauengroll
friedet sich bald:
daß ich dir es gewann,
dankt dir gewiß noch das Weib.
*(Er wendet sich wieder zu den Mannen.)*
Munter, ihr Mannen!
Folgt mir zum Mahl!
*(Zu den Frauen.)*
Froh zur Hochzeit
helfet, ihr Frauen!

Wonnige Lust
lache nun auf!
In Hof und Hain,
heiter vor allen
sollt ihr heute mich sehn.
Wen die Minne freut,
meinem frohen Mute
tu es der Glückliche gleich!

*(Er schlingt in ausgelassenem Übermute seinen Arm um
Gutrune und zieht sie mit sich in die Halle fort. Die Mannen und Frauen, von seinem Beispiele hingerissen, folgen
ihm nach. Nur Brünnhilde, Gunther und Hagen bleiben
zurück. Gunther hat sich in tiefer Scham mit verhülltem
Gesichte abseits niedergesetzt. Brünnhilde, im Vordergrunde stehend, blickt Siegfried und Gutrune noch eine
Zeitlang schmerzlich nach und senkt dann sinnend das
Haupt.)*


FÜNFTE SZENE

B r ü n n h i l d e. Welches Unholds List
liegt hier verhohlen?
Welches Zaubers Rat
regte dies auf?
Wo ist nun mein Wissen
gegen dies Wirrsal?
Wo sind meine Runen
gegen dies Rätsel?
Ach Jammer, Jammer!
Weh, ach Wehe!
All mein Wissen
wies ich ihm zu!
In seiner Macht
hält er die Magd;
in seinen Banden
faßt er die Beute,
die, jammernd ob ihrer Schmach,
jauchzend der Reiche verschenkt!
Wer bietet mir nun das Schwert,
mit dem ich die Bande zerschnitt'?

H a g e n *(dicht an sie herantretend)*. Vertraue mir,
        betrogne Frau!
        Wer dich verriet,
        das räche ich.
B r ü n n h i l d e *(matt sich umblickend)*. An wem?
H a g e n. An Siegfried, der dich betrog.
B r ü n n h i l d e. An Siegfried? ... du? *(Bitter lächelnd.)*
        Ein einz'ger Blick
        seines blitzenden Auges,
    das selbst durch die Lügengestalt
    erstrahlte zu mir,
        deinen besten Mut
        machte er bangen!
H a g e n. Doch meinem Speere
        spart' ihn sein Meineid?
B r ü n n h i l d e. Eid und Meineid,
        müßige Acht!
        Nach Stärkrem späh,
    deinen Speer zu waffnen,
    willst du den Stärksten bestehn!
H a g e n. Wohl kenn ich Siegfrieds
        siegende Kraft.
        wie schwer im Kampf er zu fällen;
        drum raune nun du
        mir klugen Rat,
        wie doch der Recke mir wich'?
B r ü n n h i l d e. O Undank, schändlichster Lohn!
        Nicht eine Kunst
        war mir bekannt,
    die zum Heil nicht half seinem Leib!
        Unwissend zähmt' ihn
        mein Zauberspiel,
        das ihn vor Wunden nun gewahrt.
H a g e n. So kann keine Wehr ihm schaden?
B r ü n n h i l d e. Im Kampfe nicht; doch
        träfst du im Rücken ihn ...
        Niemals, das wußt' ich,
        wich' er dem Feind,
    nie reicht' er fliehend ihm den Rücken:
    an ihm drum spart' ich den Segen.

H a g e n. Und dort trifft ihn mein Speer!
　　*(Er wendet sich rasch von Brünnhilde ab zu Gunther.)*
　　　　　Auf, Gunther,
　　　　　edler Gibichung!
　　　　　Hier steht ein starkes Weib;
　　　　　was hängst du dort in Harm?
G u n t h e r *(leidenschaftlich auffahrend).*
　　　　　O Schmach!
　　　　　O Schande!
　　　　　Wehe mir,
　　　　　dem jammervollsten Manne!
H a g e n. In Schande liegst du;
　　　　　leugn' ich das?
B r ü n n h i l d e *(zu Gunther).*
　　　　　O feiger Mann!
　　　　　falscher Genoss'!
　　　　　Hinter dem Helden
　　　　　hehltest du dich,
　　　　　daß Preise des Ruhmes
　　　　　er dir erränge!
　　　　　Tief wohl sank
　　　　　das teure Geschlecht,
　　　　　das solche Zagen gezeugt!
G u n t h e r *(außer sich).*
　　　　　Betrüger ich – und betrogen!
　　　　　Verräter ich – und verraten!
　　　　　Zermalmt mir das Mark!
　　　　　Zerbrecht mir die Brust!
　　　　　Hilf, Hagen!
　　　　　Hilf meiner Ehre!
　　　　　Hilf deiner Mutter,
　　　　　die mich – auch ja gebar!
H a g e n. Dir hilft kein Hirn,
　　　　　dir hilft keine Hand:
　　　　　dir hilft nur – Siegfrieds Tod!
G u n t h e r *(von Grausen erfaßt).* Siegfrieds Tod?
H a g e n. Nur der sühnt deine Schmach!
G u n t h e r *(vor sich hinstarrend).*
　　　　　Blutbrüderschaft
　　　　　schwuren wir uns!

H a g e n. Des Bundes Bruch
      sühne nun Blut!
G u n t h e r. Brach er den Bund?
H a g e n. Da er dich verriet!
G u n t h e r. Verriet er mich?
B r ü n n h i l d e. Dich verriet er,
      und mich verrietet ihr alle!
        Wär' ich gerecht,
        alles Blut der Welt
      büßte mir nicht eure Schuld!
        Doch des *einen* Tod
        taugt mir für alle:
        Siegfried falle
      zur Sühne für sich und euch!
H a g e n *(heimlich zu Gunther).*
        Er falle – dir zum Heil!
      Ungeheure Macht wird dir,
      gewinnst von ihm du den Ring,
      den der Tod ihm wohl nur entreißt.
G u n t h e r *(leise).* Brünnhildes Ring?
H a g e n. Des Nibelungen Reif.
G u n t h e r *(schwer seufzend).*
      So wär' es Siegfrieds Ende!
H a g e n. Uns allen frommt sein Tod.
G u n t h e r. Doch Gutrune, ach,
      der ich ihn gönnte!
      Straften den Gatten wir so,
      wie bestünden wir vor ihr?
B r ü n n h i l d e *(wild auffahrend).*
        Was riet mir mein Wissen?
        Was wiesen mich Runen?
        Im hilflosen Elend
        achtet mir's hell:
      Gutrune heißt der Zauber,
      der den Gatten mir entzückt!
        Angst treffe sie!
H a g e n *(zu Gunther).*
      Muß sein Tod sie betrüben,
      verhehlt sei ihr die Tat.
        Auf muntres Jagen

ziehen wir morgen:
der Edle braust uns voran,
ein Eber bracht' ihn da um.

G u n t h e r und B r ü n n h i l d e. So soll es sein!
Siegfried falle!
Sühn' er die Schmach,
die er mir schuf!
Des Eides Treue
hat er getrogen:
mit seinem Blut
büß' er die Schuld!
Allrauner,
rächender Gott!
Schwurwissender
Eideshort!
Wotan!
Wende dich her!
Weise die schrecklich
heilige Schar,
hieher zu horchen
dem Racheschwur!

H a g e n. Sterb' er dahin,
der strahlende Held!
Mein ist der Hort,
mir muß er gehören.
Drum sei der Reif
ihm entrissen,
Alben-Vater,
gefallner Fürst!
Nachthüter!
Niblungenherr!
Alberich!
Achte auf mich!
Weise von neuem
der Niblungen Schar,
dir zu gehorchen,
des Ringes Herrn!

*(Als Gunther mit Brünnhilde sich der Halle zuwendet,*
*tritt ihnen der von dort heraustretende Brautzug ent-*
*gegen. Knaben und Mädchen, Blumenstäbe schwingend,*

*eilen lustig voraus. Siegfried wird auf einem Schilde,*
*Gutrune auf einem Sessel von den Männern getragen.*
*Auf der Anhöhe des Hintergrundes führen Knechte und*
*Mägde auf verschiedenen Bergpfaden Opfergeräte und*
*Opfertiere zu den Weihsteinen herbei und schmücken*
*diese mit Blumen. Siegfried und die Mannen blasen auf*
*ihren Hörnern den Hochzeitsruf. Die Frauen fordern*
*Brünnhilde auf, an Gutrunes Seite sie zu geleiten. Brünn-*
*hilde blickt starr zu Gutrune auf, welche ihr mit freund-*
*lichem Lächeln zuwinkt. Als Brünnhilde heftig zurück-*
*treten will, tritt Hagen rasch dazwischen und drängt sie*
*an Gunther, der jetzt von neuem ihre Hand erfaßt,*
*worauf er selbst von den Männern sich auf den Schild*
*heben läßt. Während der Zug, kaum unterbrochen,*
*schnell der Höhe zu sich wieder in Bewegung setzt, fällt*
*der Vorhang.)*

ORCHESTERVORSPIEL

DRITTER AUFZUG

Wildes Wald- und Felsental am Rheine,
*der im Hintergrunde an einem steilen Abhange vorbeifließt.*

ERSTE SZENE

*Die drei Rheintöchter, Woglinde, Wellgunde und Floß-*
*hilde, tauchen aus der Flut auf und schwimmen, wie im*
*Reigentanze, im Kreise umher.*

Die drei Rheintöchter *(im Schwimmen mäßig*
  *einhaltend).*
        Frau Sonne
      sendet lichte Strahlen;
      Nacht liegt in der Tiefe:
        einst war sie hell,
        da heil und hehr

des Vaters Gold noch in ihr glänzte.
Rheingold,
klares Gold!
Wie hell du einstens strahltest,
hehrer Stern der Tiefe!
*(Sie schließen wieder den Schwimmreigen.)*
Weialala leia,
wallala leialala.
*(Ferner Hornruf. Sie lauschen. Sie schlagen jauchzend das Wasser.)*
Frau Sonne,
sende uns den Helden,
der das Gold uns wiedergäbe!
Ließ' er es uns,
dein lichtes Auge
neideten dann wir nicht länger.
Rheingold,
klares Gold!
Wie froh du dann strahltest,
freier Stern der Tiefe!
*(Man hört Siegfrieds Horn von der Höhe her.)*
W o g l i n d e. Ich höre sein Horn.
W e l l g u n d e. Der Helde naht.
F l o ß h i l d e. Laßt uns beraten!
*(Sie tauchen alle drei schnell unter. Siegfried erscheint auf dem Abhange in vollen Waffen.)*
S i e g f r i e d. Ein Albe führte mich irr,
daß ich die Fährte verlor.
He, Schelm, in welchem Berge
bargst du schnell mir das Wild?
D i e   d r e i   R h e i n t ö c h t e r *(tauchen wieder auf und schwimmen im Reigen).*
Siegfried!
F l o ß h i l d e. Was schiltst du so in den Grund?
W e l l g u n d e. Welchem Alben bist du gram?
W o g l i n d e. Hat dich ein Nicker geneckt?
A l l e   d r e i. Sag es, Siegfried, sag es uns!
S i e g f r i e d *(sie lächelnd betrachtend).*
Entzücktet ihr zu euch
den zottigen Gesellen,

   der mir verschwand?
   Ist's euer Friedel,
   euch lustigen Frauen
   laß ich ihn gern.
*(Die Mädchen lachen laut auf.)*
W o g l i n d e. Siegfried, was gibst du uns,
   wenn wir das Wild dir gönnen?
S i e g f r i e d. Noch bin ich beutelos;
   so bittet, was ihr begehrt.
W e l l g u n d e. Ein goldner Ring
   glänzt dir am Finger!
D i e  d r e i  M ä d c h e n. Den gib uns!
S i e g f r i e d. Einen Riesenwurm
   erschlug ich um den Reif:
   für eines schlechten Bären Tatzen
   böt' ich ihn nun zum Tausch?
W o g l i n d e. Bist du so karg?
W e l l g u n d e. So geizig beim Kauf?
F l o ß h i l d e. Freigebig
   solltest Frauen du sein.
S i e g f r i e d. Verzehrt' ich an euch mein Gut,
   des zürnte mir wohl mein Weib.
F l o ß h i l d e. Sie ist wohl schlimm?
W e l l g u n d e. Sie schlägt dich wohl?
W o g l i n d e. Ihre Hand fühlt schon der Held!
*(Sie lachen unmäßig.)*
S i e g f r i e d. Nun lacht nur lustig zu!
   In Harm laß ich euch doch:
   denn giert ihr nach dem Ring,
   euch Nickern geb ich ihn nie!
*(Die Rheintöchter haben sich wieder zum Reigen gefaßt.)*
F l o ß h i l d e. So schön!
W e l l g u n d e. So stark!
W o g l i n d e. So gehrenswert!
D i e  D r e i. Wie schade, daß er geizig ist!
*(Lachend tauchen sie unter.)*
S i e g f r i e d *(tiefer in den Grund hinabsteigend).*
   Wie leid ich doch
   das karge Lob?
   Laß ich so mich schmähn?

Kämen sie wieder
zum Wasserrand,
den Ring könnten sie haben.
He! he, he, ihr muntren
Wasserminnen!
Kommt rasch! Ich schenk euch den Ring!
*(Er hat den Ring vom Finger gezogen und hält ihn in
die Höhe. Die drei Rheintöchter tauchen wieder auf. Sie
sind ernst und feierlich.)*

F l o ß h i l d e. Behalt ihn, Held,
und wahr ihn wohl,
bis du das Unheil errätst –

W o g l i n d e und W e l l g u n d e. Das in dem Ring
du hegst.

A l l e D r e i. Froh fühlst du dich dann,
befrein wir dich von dem Fluch.

S i e g f r i e d *(steckt gelassen den Ring wieder an seinen
Finger).*
So singet, was ihr wißt!

D i e R h e i n t ö c h t e r. Siegfried! Siegfried! Siegfried!
Schlimmes wissen wir dir.

W e l l g u n d e. Zu deinem Unheil
wahrst du den Ring!

A l l e D r e i. Aus des Rheines Gold
ist der Reif geglüht.

W e l l g u n d e. Der ihn listig geschmiedet
und schmählich verlor –

A l l e D r e i. Der verfluchte ihn,
in fernster Zeit
zu zeugen den Tod
dem, der ihn trüg'.

F l o ß h i l d e. Wie den Wurm du fälltest –

W e l l g u n d e und F l o ß h i l d e. So fällst auch du –

A l l e D r e i. Und heute noch;
so heißen wir's dir,
tauschest den Ring du uns nicht –

W e l l g u n d e und F l o ß h i l d e. Im tiefen Rhein
ihn zu bergen.

A l l e D r e i. Nur seine Flut
sühnet den Fluch!

S i e g f r i e d. Ihr listigen Frauen,
      laßt das sein!
    Traut' ich kaum eurem Schmeicheln,
    euer Drohen schreckt mich noch minder!
D i e  R h e i n t ö c h t e r. Siegfried! Siegfried!
      Wir weisen dich wahr.
      Weiche, weiche dem Fluch!
      Ihn flochten nächtlich
      webende Nornen
    in des Urgesetzes Seil!
S i e g f r i e d. Mein Schwert zerschwang einen Speer:
      des Urgesetzes
      ewiges Seil,
      flochten sie wilde
      Flüche hinein,
    Notung zerhaut es den Nornen!
      Wohl warnte mich einst
      vor dem Fluch ein Wurm,
    doch das Fürchten lehrt' er mich nicht!
      *(Er betrachtet den Ring.)*
      Der Welt Erbe
      gewänne mir ein Ring:
      für der Minne Gunst
      miß ich ihn gern;
    ich geb ihn euch, gönnt ihr mir Lust.
    Doch bedroht ihr mir Leben und Leib:
      faßte er nicht
      eines Fingers Wert,
    den Reif entringt ihr mir nicht!
      Denn Leben und Leib,
      seht: – so –
    werf ich sie weit von mir!
  *(Er hebt eine Erdscholle vom Boden auf, hält sie über
seinem Haupte und wirft sie mit den letzten Worten
hinter sich.)*
D i e  R h e i n t ö c h t e r. Kommt, Schwestern!
      Schwindet dem Toren!
      So weise und stark
      verwähnt sich der Held,
    als gebunden und blind er doch ist.

*(Sie schwimmen, wild aufgeregt, in weiten Schwenkungen dicht an das Ufer heran.)*

> Eide schwur er –
> und achtet sie nicht!
> *(Wieder heftige Bewegung.)*
> Runen weiß er –
> und rät sie nicht!

F l o ß h i l d e , dann W o g l i n d e .
> Ein hehrstes Gut
> ward ihm gegönnt.

A l l e  D r e i . Daß er's verworfen,
> weiß er nicht.

F l o ß h i l d e . Nur den Ring –

W e l l g u n d e . Der zum Tod ihm taugt –

A l l e  D r e i . Den Reif nur will er sich wahren!
> Leb wohl, Siegfried!
> Ein stolzes Weib
> wird noch heut dich Argen beerben.
> Sie beut uns beßres Gehör.
> Zu ihr! Zu ihr! Zu ihr!

*(Sie wenden sich schnell zum Reigen, mit welchem sie gemächlich dem Hintergrunde zu fortschwimmen. Siegfried sieht ihnen lächelnd nach, stemmt ein Bein auf ein Felsstück am Ufer und verweilt mit auf der Hand gestütztem Kinne.)*

D i e  R h e i n t ö c h t e r .
> Weialala leia,
> Wallala leialala.

S i e g f r i e d . Im Wasser wie am Lande
> lernt' nun ich Weiberart:
> wer nicht ihrem Schmeicheln traut,
> den schrecken sie mit Drohen;
> wer dem kühnlich trotzt,
> dem kommt dann ihr Keifen dran.

*(Die Rheintöchter sind hier gänzlich verschwunden.)*

> Und doch,
> trüg' ich nicht Gutrun' Treu',
> der zieren Frauen eine
> hätt' ich mir frisch gezähmt!

*(Er blickt ihnen unverwandt nach.)*

Die Rheintöchter *(in größter Entfernung).*
          La, la!
     *(Jagdhornrufe kommen von der Höhe näher.)*


### ZWEITE SZENE

Hagens Stimme *(von fern).* Hoiho!
     *(Siegfried fährt aus seiner Entrücktheit auf und antwortet dem Rufe auf seinem Horne.)*
Mannen *(außerhalb der Szene).* Hoiho! Hoiho!
Siegfried *(antwortend).* Hoiho! Hoiho! Hoihe!
Hagen *(kommt auf der Höhe hervor. Gunther folgt ihm. Siegfried erblickend).*
          Finden wir endlich,
          wohin du flogest?
Siegfried. Kommt herab! Hier ist's frisch und kühl!
     *(Die Mannen kommen alle auf der Höhe an und steigen nun mit Hagen und Gunther herab.)*
Hagen. Hier rasten wir
          und rüsten das Mahl.
     *(Jagdbeute wird zuhauf gelegt.)*
          Laßt ruhn die Beute
          und bietet die Schläuche!
     *(Schläuche und Trinkhörner werden hervorgeholt. Alles lagert sich.)*
          Der uns das Wild verscheuchte,
          nun sollt ihr Wunder hören,
          was Siegfried sich erjagt.
Siegfried *(lachend).*
          Schlimm steht es um mein Mahl:
          von eurer Beute
          bitte ich für mich.
Hagen. Du beutelos?
Siegfried.
          Auf Waldjagd zog ich aus,
          doch Wasserwild zeigte sich nur.
          War ich dazu recht beraten,
          drei wilde Wasservögel
          hätt' ich euch wohl gefangen,

die dort auf dem Rhein mir sangen,
erschlagen würd' ich noch heut.
*(Er lagert sich zwischen Gunther und Hagen.)*

G u n t h e r *(erschrickt und blickt düster auf Hagen).*

H a g e n. Das wäre üble Jagd,
wenn den Beutelosen selbst
ein lauernd Wild erlegte!

S i e g f r i e d. Mich dürstet!

H a g e n *(indem er für Siegfried ein Trinkhorn füllen läßt
und es diesem dann darreicht).*
Ich hörte sagen, Siegfried,
der Vögel Sangessprache
verstündest du wohl.
So wäre das wahr?

S i e g f r i e d. Seit lange acht ich
des Lallens nicht mehr.
*(Er faßt das Trinkhorn und wendet sich damit zu Gun-
ther. Er trinkt und reicht das Horn Gunther hin.)*

S i e g f r i e d. Trink, Gunther, trink!
Dein Bruder bringt es dir!

G u n t h e r *(gedankenvoll und schwermütig in das Horn
blickend, dumpf).*
Du mischtest matt und bleich
*(noch gedämpfter)*
dein Blut allein darin!

S i e g f r i e d *(lachend).* So misch es mit dem deinen!
*(Er gießt aus Gunthers Horn in das seine, so daß dieses
überläuft.)*
Nun floß gemischt es über:
der Mutter Erde
laß das ein Labsal sein!

G u n t h e r *(mit einem heftigen Seufzer).*
Du überfroher Held!

S i e g f r i e d *(leise zu Hagen).*
Ihm macht Brünnhilde Müh'?

H a g e n *(leise zu Siegfried).* Verstünd' er sie so gut
wie du der Vögel Sang!

S i e g f r i e d. Seit Frauen ich singen hörte,
vergaß ich der Vöglein ganz.

H a g e n. Doch einst vernahmst du sie?

S i e g f r i e d *(sich lebhaft zu Gunther wendend).*

> Hei, Gunther,
> grämlicher Mann!
> Dankst du es mir,
> so sing ich dir Mären
> aus meinen jungen Tagen.

G u n t h e r. Die hör ich gern.

*(Alle lagern sich nah an Siegfried, welcher allein aufrecht sitzt, während die andern tiefer gestreckt liegen.)*

H a g e n. So singe, Held!

S i e g f r i e d. Mime hieß

> ein mürrischer Zwerg:
> in des Neides Zwang
> zog er mich auf,
> daß einst das Kind,
> wann kühn es erwuchs,
> einen Wurm ihm fällt' im Wald,
> der faul dort hütet einen Hort.
> Er lehrte mich schmieden
> und Erze schmelzen;
> doch was der Künstler
> selber nicht konnt',
> des Lehrlings Mute
> mußt' es gelingen:
> eines zerschlagnen Stahles Stücke
> neu zu schweißen zum Schwert.
> Des Vater Wehr
> fügt' ich mir neu:
> nagelfest
> schuf ich mir Notung.
> Tüchtig zum Kampf
> dünkt' er dem Zwerg;
> der führte mich nun zum Wald;
> dort fällt' ich Fafner, den Wurm.
>
> Jetzt aber merkt
> wohl auf die Mär:
> Wunder muß ich euch melden.
> Von des Wurmes Blut
> mir brannten die Finger;

sie führt' ich kühlend zum Mund:
    kaum netzt' ein wenig
    die Zunge das Naß,
was da ein Vöglein sang,
das konnt' ich flugs verstehn.
Auf den Ästen saß es und sang:
    »Hei! Siegfried gehört nun
    der Nibelungen Hort!
    O fänd' in der Höhle
    den Hort er jetzt!
Wollt' er den Tarnhelm gewinnen,
der taugt' ihm zu wonniger Tat!
Doch möcht' er den Ring sich erraten,
der macht' ihn zum Walter der Welt!«

H a g e n.  Ring und Tarnhelm
    trugst du nun fort?
E i n  M a n n e.  Das Vöglein hörtest du wieder?
S i e g f r i e d.  Ring und Tarnhelm
    hatt' ich gerafft:
    da lauscht' ich wieder
    dem wonnigen Laller;
    der saß im Wipfel und sang:
    »Hei, Siegfried gehört nun
    der Helm und der Ring.
    O traute er Mime,
    dem Treulosen, nicht!
Ihm sollt' er den Hort nur erheben;
nun lauert er listig am Weg:
nach dem Leben trachtet er Siegfried.
O traute Siegfried nicht Mime!«

H a g e n.  Es mahnte dich gut?
V i e r  M a n n e n.  Vergaltest du Mime?
S i e g f r i e d.  Mit tödlichem Tranke
    trat er zu mir;
    bang und stotternd
    gestand er mir Böses:
Notung streckte den Strolch!
H a g e n *(grell lachend).*
    Was nicht er geschmiedet,
    schmeckte doch Mime!

Z w e i   M a n n e n *(nacheinander).*
   Was wies das Vöglein dich wieder?
H a g e n *(läßt ein Trinkhorn neu füllen und träufelt den*
*Saft eines Krautes hinein).*
   Trink erst, Held,
   aus meinem Horn:
   ich würzte dir holden Trank,
   die Erinnerung hell dir zu wecken,
   *(er reicht Siegfried das Horn)*
   daß Fernes nicht dir entfalle!
S i e g f r i e d *(blickt gedankenvoll in das Horn und trinkt*
 *dann langsam).*
   In Leid zu dem Wipfel
   lauscht' ich hinauf;
   da saß es noch und sang:
   »Hei, Siegfried erschlug nun
   den schlimmen Zwerg!
   Jetzt wüßt' ich ihm noch
   das herrlichste Weib.
   Auf hohem Felsen sie schläft,
   Feuer umbrennt ihren Saal;
   durchschritt' er die Brunst,
   weckt' er die Braut,
   Brünnhilde wäre dann sein!«
H a g e n. Und folgtest du
   des Vögleins Rate?
S i e g f r i e d. Rasch ohne Zögern
  zog ich nun aus,
 *(Gunther hört mit wachsendem Erstaunen zu)*
   bis den feurigen Fels ich traf:
   die Lohe durchschritt ich
   und fand zum Lohn
   *(in immer größere Verzückung geratend)*
   schlafend ein wonniges Weib
   in lichter Waffen Gewand.
   Den Helm löst' ich
   der herrlichen Maid;
   mein Kuß erweckte sie kühn:
   oh, wie mich brünstig da umschlang
   der schönen Brünnhilde Arm!

G u n t h e r *(in höchstem Schrecken aufspringend).*
            Was hör ich?
*(Zwei Raben fliegen aus einem Busche auf, kreisen über
Siegfried und fliegen dann, dem Rheine zu, davon.)*
H a g e n. Errätst du auch
            dieser Raben Geraun'?
*(Siegfried fährt heftig auf und blickt, Hagen den Rücken
zukehrend, den Raben nach.)*
            Rache rieten sie mir!
*(Er stößt seinen Speer in Siegfrieds Rücken: Gunther fällt
ihm – zu spät – in den Arm. Siegfried schwingt mit beiden
Händen seinen Schild hoch empor, um Hagen damit zu
zerschmettern: die Kraft verläßt ihn, der Schild entsinkt
ihm rückwärts; er selbst stürzt über dem Schilde zusammen.)*
V i e r  M a n n e n *(welche vergebens Hagen zurückzuhal-
ten versucht).* Hagen, was tust du?
Z w e i  a n d e r e. Was tatest du?
G u n t h e r. Hagen, was tatest du?
H a g e n *(auf den zu Boden Gestreckten deutend).*
            Meineid rächt' ich!
*(Er wendet sich ruhig ab und verliert sich dann einsam
über die Höhe, wo man ihn langsam durch die bereits mit
der Erscheinung der Raben eingebrochene Dämmerung
von dannen schreiten sieht. Gunther beugt sich schmerz-
ergriffen zu Siegfried nieder. Die Mannen umstehen teil-
nahmsvoll den Sterbenden.)*
S i e g f r i e d *(von zwei Mannen sitzend erhalten, schlägt
die Augen glanzvoll auf).*
            Brünnhilde,
            heilige Braut!
        Wach auf! Öffne dein Auge!
            Wer verschloß dich
            wieder in Schlaf?
        Wer band dich in Schlummer so bang?
            Der Wecker kam;
            er küßt dich wach,
            und aber der Braut
            bricht er die Bande:
        da lacht ihm Brünnhildes Lust!

Ach, dieses Auge,
ewig nun offen!
Ach, dieses Atems
wonniges Wehen!
Süßes Vergehen,
seliges Grauen –
Brünnhild' bietet mir – Gruß!

*(Er sinkt zurück und stirbt. Regungslose Trauer der Um-*
*stehenden. Die Nacht ist hereingebrochen. Auf die stumme*
*Ermahnung Gunthers erheben die Mannen Siegfrieds*
*Leiche und geleiten sie in feierlichem Zuge über die Felsen-*
*höhe langsam von dannen. Gunther folgt der Leiche zu-*
*nächst.)*

ORCHESTERZWISCHENSPIEL

*Trauermusik*

*(Der Mond bricht durch die Wolken hervor und beleuchtet*
*immer heller den die Berghöhe erreichenden Trauerzug.*
*Dann steigen Nebel aus dem Rheine auf und erfüllen all-*
*mählich die ganze Bühne, auf welcher der Trauerzug bereits*
*unsichtbar geworden ist, bis nach vorne, so daß diese wäh-*
*rend des Zwischenspiels gänzlich verhüllt bleibt. Als sich die*
*Nebel wieder verteilen, tritt die Halle der Gibichungen, wie*
*im ersten Aufzuge, immer erkennbarer hervor.)*

DRITTE SZENE

Die Halle der Gibichungen

*Es ist Nacht. Mondschein spiegelt sich auf dem Rheine.*
*Gutrune tritt aus ihrem Gemache in die Halle hinaus.*

G u t r u n e. War das sein Horn? *(Sie lauscht.)*
Nein! Noch
kehrt er nicht heim.
Schlimme Träume
störten mir den Schlaf!
Wild wieherte sein Roß;
Lachen Brünnhildes
weckte mich auf.

Wer war das Weib,
das ich zum Ufer schreiten sah?
Ich fürchte Brünnhild'!
Ist sie daheim?

*(Sie lauscht an der Tür rechts und ruft dann leise.)*

Brünnhild'! Brünnhild'!
Bist du wach?

*(Sie öffnet schüchtern und blickt in das innere Gemach.)*

Leer das Gemach.
So war es sie,
die ich zum Rheine schreiten sah!

*(Sie erschrickt und lauscht nach der Ferne.)*

War das sein Horn?
Nein!
Öd alles!
Säh' ich Siegfried nur bald!

*(Sie will sich wieder ihrem Gemache zuwenden; als sie
jedoch Hagens Stimme vernimmt, hält sie an und bleibt,
von Furcht gefesselt, eine Zeitlang unbeweglich stehen.)*

H a g e n s  S t i m m e  *(von außen sich nähernd).*

Hoiho! Hoiho!
Wacht auf! Wacht auf!
Lichte! Lichte!
Helle Brände!
Jagdbeute
bringen wir heim.
Hoiho! Hoiho!

*(Licht und wachsender Feuerschein von außen.)*

H a g e n  *(betritt die Halle).*

Auf, Gutrun'!
Begrüße Siegfried!
Der starke Held,
er kehret heim!

G u t r u n e  *(in großer Angst).*

Was geschah, Hagen?
Nicht hört' ich sein Horn!

*(Männer und Frauen, mit Lichtern und Feuerbränden,
geleiten den Zug der mit Siegfrieds Leiche Heimkehren-
den, unter denen Gunther.)*

H a g e n.  Der bleiche Held,

> nicht bläst er es mehr;
> nicht stürmt er zur Jagd,
> zum Streite nicht mehr,
> noch wirbt er um wonnige Frauen.

G u t r u n e *(mit wachsendem Entsetzen).*
> Was bringen die?

*(Der Zug gelangt in die Mitte der Halle, und die Mannen
setzen dort die Leiche auf einer Erhöhung nieder.)*

H a g e n. Eines wilden Ebers Beute:
> Siegfried, deinen toten Mann.

*(Gutrune schreit auf und stürzt über die Leiche. Allge-
meine Erschütterung und Trauer.)*

G u n t h e r *(bemüht sich um die Ohnmächtige).*
> Gutrun', holde Schwester,
> hebe dein Auge,
> schweige mir nicht!

G u t r u n e *(wieder zu sich kommend).*
> Siegfried – Siegfried erschlagen!

*(Sie stößt Gunther heftig zurück.)*
> Fort, treuloser Bruder,
> du Mörder meines Mannes!
> O Hilfe, Hilfe!
> Wehe! Wehe!
> Sie haben Siegfried erschlagen!

G u n t h e r. Nicht klage wider mich!
> Dort klage wider Hagen;
> er ist der verfluchte Eber,
> der diesen Edlen zerfleischt'.

H a g e n. Bist du mir gram darum?

G u n t h e r. Angst und Unheil
> greife dich immer!

H a g e n *(mit furchtbarem Trotze herantretend).*
> Ja denn! Ich hab ihn erschlagen.
> Ich, Hagen,
> schlug ihn zu Tod.
> Meinem Speer war er gespart,
> bei dem er Meineid sprach.
> Heiliges Beuterecht
> hab ich mir nun errungen:
> drum fordr' ich hier diesen Ring.

G u n t h e r. Zurück! Was mir verfiel,
       sollst nimmer du empfahn.
H a g e n. Ihr Mannen, richtet mein Recht!
G u n t h e r. Rührst du an Gutrunes Erbe,
       schamloser Albensohn?
H a g e n *(sein Schwert ziehend).* Des Alben Erbe
       fordert so sein Sohn!
  *(Er dringt auf Gunther ein, dieser wehrt sich; sie fechten.*
  *Mannen werfen sich dazwischen. Gunther fällt von einem*
  *Streiche Hagens.)*
       Her den Ring!
  *(Er greift nach Siegfrieds Hand; diese hebt sich drohend*
  *empor. Gutrune und die Frauen schreien entsetzt laut*
  *auf. Alles bleibt in Schauder regungslos gefesselt. Vom*
  *Hintergrunde her schreitet Brünnhilde fest und feierlich*
  *dem Vordergrunde zu.)*
B r ü n n h i l d e *(noch im Hintergrunde).*
       Schweigt eures Jammers
       jauchzenden Schwall.
       Das ihr alle verrietet,
      zur Rache schreitet sein Weib.
       *(Sie schreitet ruhig weiter vor.)*
       Kinder hört' ich
       greinen nach der Mutter,
      da süße Milch sie verschüttet:
       doch nicht erklang mir
       würdige Klage,
       des hehrsten Helden wert.
G u t r u n e *(vom Boden heftig sich aufrichtend).*
       Brünnhilde! Neiderboste!
       Du brachtest uns diese Not:
       die du die Männer ihm verhetztest,
       weh, daß du dem Haus genaht!
B r ü n n h i l d e. Armselige, schweig!
       Sein Eheweib warst du nie,
       als Buhlerin
       bandest du ihn.
       Sein Mannesgemahl bin ich,
       der ewige Eide er schwur,
       eh Siegfried je dich ersah.

Gutrune *(in jähe Verzweiflung ausbrechend).*
> Verfluchter Hagen,
> daß du das Gift mir rietest,
> das ihr den Gatten entrückt!
> Ach, Jammer!
> Wie jäh nun weiß ich's,
> Brünnhild' war die Traute,
> die durch den Trank er vergaß!

*(Sie wendet sich voll Scheu von Siegfried ab und beugt sich, im Schmerz aufgelöst, über Gunthers Leiche; so verbleibt sie regungslos bis zum Ende. Hagen steht, trotzig auf Speer und Schild gelehnt, in finsteres Sinnen versunken, auf der entgegengesetzten Seite.)*

Brünnhilde *(allein in der Mitte; nachdem sie lange, zuerst mit tiefer Erschütterung, dann mit fast überwältigender Wehmut das Angesicht Siegfrieds betrachtet, wendet sie sich mit feierlicher Erhebung an die Männer und Frauen. Zu den Mannen).*
> Starke Scheite
> schichtet mir dort
> am Rande des Rheins zuhauf!
> Hoch und hell
> lodre die Glut,
> die den edlen Leib
> des hehrsten Helden verzehrt.
> Sein Roß führet daher,
> daß mit mir dem Recken es folge;
> denn des Helden heiligste
> Ehre zu teilen,
> verlangt mein eigener Leib.
> Vollbringt Brünnhildes Wunsch!

*(Die jüngeren Männer errichten während des Folgenden vor der Halle nahe am Rheinufer einen mächtigen Scheiterhaufen, Frauen schmücken ihn mit Decken, auf die sie Kräuter und Blumen streuen.)*

Brünnhilde *(versinkt von neuem in die Betrachtung der Leiche Siegfrieds. Ihre Mienen nehmen immer sanftere Verklärung an).*
> Wie Sonne lauter
> strahlt mir sein Licht:

der Reinste war er,
der mich verriet!
Die Gattin trügend,
treu dem Freunde,
von der eignen Trauten,
einzig ihm teuer,
schied er sich durch sein Schwert.
Echter als er
schwur keiner Eide;
treuer als er
hielt keiner Verträge;
lautrer als er
liebte kein andrer.
Und doch, alle Eide,
alle Verträge,
die treueste Liebe
trog keiner wie er!
Wißt ihr, wie das ward?
*(Nach oben blickend.)*
O ihr, der Eide
heilige Hüter!
Lenkt euren Blick
auf mein blühendes Leid,
erschaut eure ewige Schuld!
Meine Klage hör,
du hehrster Gott!
Durch seine tapferste Tat,
dir so tauglich erwünscht,
weihtest du den,
der sie gewirkt,
dem Fluche, dem du verfielest.
Mich mußte
der Reinste verraten,
daß wissend würde ein Weib!
Weiß ich nun, was dir frommt?
Alles, alles,
alles weiß ich,
alles ward mir nun frei!
Auch deine Raben
hör ich rauschen;

mit bang ersehnter Botschaft
send ich die beiden nun heim.
Ruhe, ruhe, du Gott!
*(Sie winkt den Mannen, Siegfrieds Leiche auf den Schei-*
*terhaufen zu tragen; zugleich zieht sie von Siegfrieds Fin-*
*ger den Ring und betrachtet ihn sinnend.)*

Mein Erbe nun
nehm ich zu eigen.
Verfluchter Reif!
Furchtbarer Ring!
Dein Gold faß ich
und geb es nun fort.
Der Wassertiefe
weise Schwestern,
des Rheines schwimmende Töchter,
euch dank ich redlichen Rat.
Was ihr begehrt,
ich geb es euch:
aus meiner Asche
nehmt es zu eigen!
Das Feuer, das mich verbrennt,
rein'ge vom Fluche den Ring!
Ihr in der Flut
löset ihn auf,
und lauter bewahrt
das lichte Gold,
das euch zum Unheil geraubt.
*(Sie hat sich den Ring angesteckt und wendet sich jetzt*
*zu dem Scheiterhaufen, auf dem Siegfrieds Leiche aus-*
*gestreckt liegt. Sie entreißt einem Manne den mächtigen*
*Feuerbrand, schwingt diesen und deutet nach dem Hin-*
*tergrund.)*

Fliegt heim, ihr Raben!
Raunt es eurem Herren,
was hier am Rhein ihr gehört!
An Brünnhildes Felsen
fahrt vorbei.
Der dort noch lodert,
weiset Loge nach Walhall!
Denn der Götter Ende

dämmert nun auf.
　　So – werf ich den Brand
in Walhalls prangende Burg.
*(Sie schleudert den Brand in den Holzstoß, der sich
schnell hell entzündet. Zwei Raben sind vom Felsen am
Ufer aufgeflogen und verschwinden nach dem Hintergrunde zu. Brünnhilde gewahrt ihr Roß, welches zwei
junge Männer hereinführen. Sie ist ihm entgegengesprun-
gen, faßt es und entzäumt es schnell; dann neigt sie sich
traulich zu ihm.)*
　　　　Grane, mein Roß,
　　　　sei mir gegrüßt!
　　　　Weißt du auch, mein Freund,
　　　　wohin ich dich führe?
　　　　Im Feuer leuchtend,
　　　　liegt dort dein Herr,
　　Siegfried, mein seliger Held.
　　　　Dem Freunde zu folgen,
　　　　wieherst du freudig?
　　　　Lockt dich zu ihm
　　　　die lachende Lohe?
　　　　Fühl meine Brust auch,
　　　　wie sie entbrennt;
　　　　helles Feuer
　　　　das Herz mir erfaßt,
　　　　ihn zu umschlingen,
　　　　umschlossen von ihm,
　　　　in mächtigster Minne
　　　　vermählt ihm zu sein!
　　　　Heiajoho! Grane!
　　　　Grüß deinen Herren!
　　　　Siegfried! Siegfried! Sieh
　　selig grüßt dich dein Weib!
*(Sie hat sich auf das Roß geschwungen und sprengt mit
einem Satze in den brennenden Scheiterhaufen. Sogleich
steigt prasselnd der Brand hoch auf, so daß das Feuer
den ganzen Raum vor der Halle erfüllt und diese selbst
schon zu ergreifen scheint. Entsetzt drängen sich die
Männer und Frauen nach dem äußersten Vordergrunde.
Als der ganze Bühnenraum nur noch von Feuer erfüllt*

*erscheint, verlischt plötzlich der Glutschein, so daß bald*
*bloß ein Dampfgewölk zurückbleibt, welches sich dem*
*Hintergrunde zu verzieht und dort am Horizont sich als*
*finstere Wolkenschicht lagert. Zugleich ist vom Ufer her*
*der Rhein mächtig angeschwollen und hat seine Flut über*
*die Brandstätte gewälzt. Auf den Wogen sind die drei*
*Rheintöchter herbeigeschwommen und erscheinen jetzt*
*über der Brandstätte. Hagen, der seit dem Vorgange mit*
*dem Ringe Brünnhildes Benehmen mit wachsender Angst*
*beobachtet hat, gerät beim Anblick der Rheintöchter in*
*höchsten Schreck. Er wirft hastig Speer, Schild und Helm*
*von sich und stürzt wie wahnsinnig sich in die Flut.)*

H a g e n. Zurück vom Ring!

*(Woglinde und Wellgunde umschlingen mit ihren Armen*
*seinen Nacken und ziehen ihn so, zurückschwimmend,*
*mit sich in die Tiefe. Floßhilde, den anderen voran dem*
*Hintergrunde zuschwimmend, hält jubelnd den gewon-*
*nenen Ring in die Höhe. Durch die Wolkenschicht,*
*welche sich am Horizont gelagert, bricht ein rötlicher*
*Glutschein mit wachsender Helligkeit aus. Von dieser*
*Helligkeit beleuchtet, sieht man die drei Rheintöchter auf*
*den ruhigeren Wellen des allmählich wieder in sein Bett*
*zurückgetretenen Rheines, lustig mit dem Ringe spielend,*
*im Reigen schwimmen. Aus den Trümmern der zusam-*
*mengestürzten Halle sehen die Männer und Frauen in*
*höchster Ergriffenheit dem wachsenden Feuerschein am*
*Himmel zu. Als dieser endlich in lichtester Helligkeit*
*leuchtet, erblickt man darin den Saal Walhalls, in wel-*
*chem die Götter und Helden, ganz nach der Schilderung*
*Waltrautes im ersten Aufzuge, versammelt sitzen. Helle*
*Flammen scheinen in dem Saal der Götter aufzuschlagen.*
*Als die Götter von den Flammen gänzlich verhüllt sind,*
*fällt der Vorhang.)*